RUTH FIRST

e a luta contra o apartheid sul-africano

SÉRIE MARXISMO DO TERCEIRO MUNDO
Editores:
Vijay Prashad
Mikaela Nhondo Erskog
Miguel Yoshida

RUTH FIRST
e a luta contra o apartheid sul-africano

Tradução de Aline Piva
e Miguel Yoshida

1ª edição
Expressão Popular
São Paulo – 2023

Copyright © 2023, by Editora Expressão Popular Ltda.

Produção editorial: Miguel Yoshida
Tradução: Aline Piva e Miguel Yoshida
Revisão de tradução e preparação: Lia Urbini
Revisão: Miguel Yoshida
Projeto gráfico e diagramação: ZapDesign
Capa: Rhuan Oliveira
Impressão e acabamento: Paym

Dados Internacionais de Catalogação-na-Publicação (CIP)

R974   Ruth First e a luta contra o apartheid sul-africano. / Tradução de Aline Piva e Miguel Yoshida ; Introdução de Vashna Jagarnath. —1.ed.— São Paulo : Expressão Popular, 2023.
188 p.

ISBN 978-65-5891-104-3

1. Ruth Heloise First, 1925–1982 - Pesquisadora. 2. Ruth Heloise First, 1925–1982 - Ativista anti-apartheid. 3. Apartheid sul-africano. I. Piva, Aline. II. Yoshida, Miguel. III. Jagarnath, Vashna. IV. Título.

CDU 323.118(6)
96

Catalogação na Publicação: Eliane M. S. Jovanovich CRB 9/1250

Todos os direitos reservados.
Nenhuma parte deste livro pode ser utilizada ou reproduzida sem a autorização da editora.

1ª edição: agosto de 2023

EDITORA EXPRESSÃO POPULAR
Alameda Nothmann, 806
Sala 06 e 08, térreo, complemento 816
01216-001 – Campos Elíseos – SP
livraria@expressaopopular.com.br
www.expressaopopular.com.br
ed.expressaopopular
editoraexpressaopopular

Sumário

APRESENTAÇÃO À EDIÇÃO BRASILEIRA 7
Lia Urbini

CRONOLOGIA 13

INTRODUÇÃO 17
Vashna Jagarnath

**A ÉPOCA, A VIDA REVOLUCIONÁRIA
DE RUTH FIRST E SEU LEGADO** 25
Ronnie Kasrils

RUTH FIRST

PRETÓRIA CONQUISTADA PELAS MULHERES! 51

O ESCÂNDALO DO TRABALHO RURAL 59

A ÁFRICA DO SUL HOJE 93

DA CARTA PELA LIBERDADE À LUTA ARMADA 107

EXÉRCITOS PARA A REVOLUÇÃO? 119

OS LIMITES DO NACIONALISMO 153

OS MINEIROS MOÇAMBICANOS: UM ESTUDO SOBRE
A EXPORTAÇÃO DE MÃO DE OBRA 167

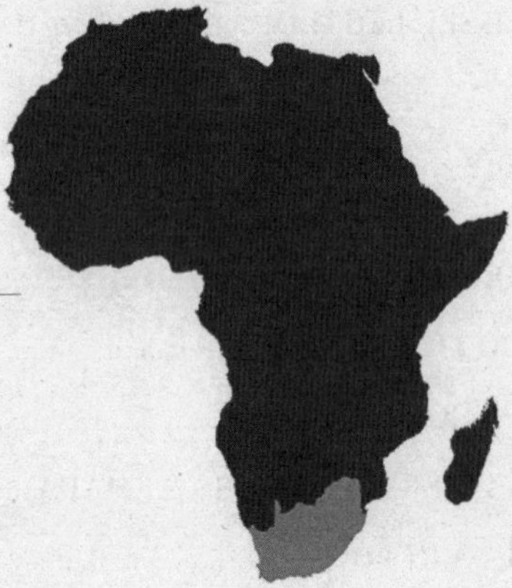

Apresentação à edição brasileira

Lia Urbini

Entre 1948 e 1994, a África do Sul atravessou um dos regimes de segregação racial mais violentos que a história recente já presenciou: o *apartheid*, termo africâner que significa estado de separação. Após a derrota nazista e o fim da Segunda Guerra, na contramão da lógica liberal da "pacificação" estadunidense, os sul-africanos passavam a ser oficialmente classificados em 4 raças (brancos, negros, de cor e indianos), e um longo caminho de racismo institucionalizado se pavimentava. Mas o novo regime não era raio em céu azul e, assim como o nazismo, foi adubado com muita competição capitalista. Se recuperarmos as origens da formação da África do Sul como país (1910), vemos como ela já se dava com base em uma história de segregação e exploração.

Um pouco antes dos portugueses aportarem no Brasil, eles chegaram em 1488 no extremo sul do continente africano, no famoso Cabo da Boa Esperança, já habitado por povos como os xhosa, os khoisan e os zulu. Não chegaram a estabelecer ocupação à época, mas mais de um século e meio depois, em 1652, uma das grandes rifas coloniais conhecida como Companhia Holandesa das Índias Orientais colonizou a região. A partir de então, até finais do século XVIII, a Cidade do Cabo (que recebeu este nome por justamente abrigar o Cabo da Boa Esperança) foi invadida por calvinistas europeus – principalmente alemães, franceses, escoceses e dos Países Baixos – que ficaram posteriormente conhecidos como bôeres, ou africâneres, e que criaram uma língua própria, o africâner. Vinham principalmente interessados em lucrar por meio da exploração dos recursos naturais e da mão de obra local, e chegaram a importar escravizados da Índia, Indonésia e Madagascar, povos que passaram a integrar a já diversa composição étnica do território.

Em 1795 foi a vez dos ingleses ocuparem a região, que se tornou a Colônia Britânica do Cabo. A escravidão é abolida em 1834, e novas modalidades de exploração passam a ser experimentadas. Com a descoberta de ouro e diamantes em 1880, a Inglaterra dá início ao conflito conhecido como Guerra dos Bôeres, que dura mais de 20 anos e desemboca futuramente na criação da União Sul-Africana, sob domínio britânico, em 1910, compreendendo os territórios do Transvaal, da Colônia do Cabo, da Colônia de Natal e da Colônia do Rio Orange. Nessa unificação já se encontram leis de segregação racial que favoreciam os brancos, e a opressão aos povos originários e ex-escravizados avança até que, em 1948, se oficializa o início do *apartheid* com a ascensão do Partido Nacional ao poder.

Como brasileiros, apesar de não termos experienciado leis explícitas de segregação racial como EUA e África do Sul, vivemos cotidianamente as consequências de um racismo estrutural, de escala continental, fruto de uma abolição sem condenação nem reparação. Além de termos sido o último país a abolir a escravidão nas Américas e o que mais recebeu escravizados africanos entre 1500 e 1900 (4,86 milhões, de acordo com o Banco de Dados do Comércio Transatlântico de Escravos), fomos obrigados a lidar com o engodo da "democracia racial" que uma república militar preparou. Somos também, em forte medida, um país separado, ao nosso modo.

E como esse nefasto episódio da história sul-africana chega hoje até nós, como nos atravessa? De que maneira nossas separações compartilhadas podem ser combatidas e superadas? Uma contribuição que consideramos importante como editora é difundir o legado da luta antirracista, anticapitalista e anticolonial da África do Sul, representado aqui por meio de uma seleção de textos de uma das mais destacadas militantes *antiapartheid*, a jornalista, socióloga e pesquisadora Ruth First.

Esta publicação tem como objetivo apresentar a vida e a obra dessa lutadora praticamente desconhecida do público brasileiro. Como bem enfatizado nos textos de introdução e apresentação deste livro, Ruth First teve sua vida política guiada pela 11ª tese de Marx sobre Feuerbach: "Os filósofos apenas interpretaram o mundo de diferentes maneiras; porém, o que importa é transformá-lo". Isso se expressa em sua prática política organizativa junto ao Partido Comunista Sul Africano e em seus escritos que variam desde textos de jornalismo investigativo denunciando as condições de trabalho rural na África do Sul, passando por reflexões teóricas em torno dos golpes de Estado militares na África e Ásia até análises de sociologia do trabalho.

O primeiro esforço de tradução e edição de textos de Ruth First foi da Associação Internacional das Editoras de Esquerda (IULP, na sigla em inglês) que fez uma primeira seleção de seus os textos, da qual participaram mais de uma dezena de editoras de diferentes partes do mundo. *Ruth First: textos escolhidos* foi publicado em português, inglês e espanhol e está disponível para baixar gratuitamente no site do Instituto Tricontinental de Pesquisa social.

Esta publicação toma como base aquela antologia, mas com alguns textos a mais. Em primeiro lugar, temos uma introdução à vida da autora. Trata-se de uma palestra realizada por Ronald (Ronnie) Kasrils sobre sua veterana de militância, Ruth. Suas vidas se cruzaram em diversos pontos pela luta comum. Impactado pelo massacre de Sharpeville em 1960, o sul-africano até então trabalhador do cinema ingressa imediatamente no Congresso Nacional Africano e em seu braço armado, o uMkhonto Sizwe (MK), um ano depois. Banido do país, Ronnie seguiu atuando contra o *apartheid* do exílio em Londres, Luanda, Maputo, Suazilândia, Botswana, Lusaka e Harare. Após a transição democrática, chegou a ser ministro das Águas e Florestas (1999-2004) e do Serviço de Inteligência (2004-2008), mas apresenta sua renúncia ao cargo na sequência da renúncia do então presidente Thabo Mbeki. Além disso, Vashna Jarganath, diretora do *Pan African Today* e secretária-geral da National Union of Metalworkers of South Africa [Sindicato Nacional dos metalúrgicos da África do Sul] também traz uma reflexão em torno da atualidade e relevância de Ruth First.

Ruth First e a luta contra o apartheid *sul-africano* reúne sete textos de Ruth escritos ao longo de sua vida e organizados aqui cronologicamente. Apesar da variedade de suportes em que os textos foram publicados – em jornais, periódicos teóricos, pesquisa acadêmica –, a perspectiva de todos eles é a mesma: de denunciar o *apartheid*, os desmandos dos governos com relação aos trabalhadores e trabalhadoras e contribuir para a organização da classe trabalhadora. Chamamos a atenção para dois textos de Ruth presentes neste volume. O primeiro é o impactante folheto de denúncia sobre trabalho análogo à escravidão que as Leis de Passe do *apartheid* favoreceram: "O escândalo do trabalho nas fazendas". Publicado originalmente em 1959, dá uma boa dimensão da versatilidade de estilos literários presente nos escritos da autora. O segundo é um capítulo do livro *The Barrel of a Gun* [*O cano de uma arma*, sem tradução para o português], chamado "Exércitos para a revolução?". Publicado pela primeira vez em 1970, nele, Ruth reflete sobre a trajetória e as perspectivas das intervenções militares na política africana. Comparando diversos países e processos, a conclusão desse artigo é muito potente e sintética: "quanto aos soldados que se apoderam do governo para reformá-lo ou radicalizá-lo, o seu sucesso ou fracasso dependerá das forças populares para a mudança que eles desencadeiem na África, não na força dos exércitos ou no poder que sai do cano de suas armas".

Por fim, compusemos também uma cronologia da África do Sul no século XX e da vida de Ruth First e incluímos algumas notas de rodapé na introdução, apresentando alguns dos principais partidos, movimentos e personalidades mencionados.

Publicamos este livro há exatos 41 anos de seu brutal assassinato pelas forças repressivas do *apartheid*. Enviando uma carta bomba para o seu escritório na Universidade Eduardo Mondlane, em Moçambique em 17 de agosto de 1982, colocavam fim a essa intensa e combativa vida, mas não ao seu legado. Esperamos que seja uma forma eficaz de contextualizar para os leitores brasileiros um pouco dessa gigantesca inspiração antirracista, anticolonial e socialista.

Julho de 2023.

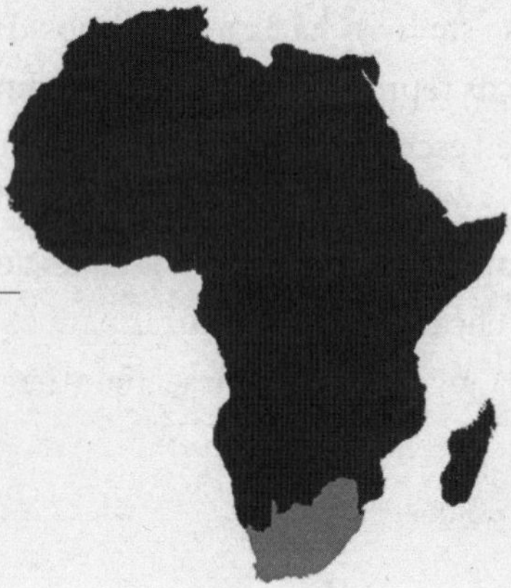

Cronologia

África do Sul

1948: O Partido Nacional assume o poder e estabelece o início oficial do regime segregacionista do *apartheid*.

1949: O casamento inter-racial torna-se proibido.

1950: Brancos passam a ser proibidos de ter relações sexuais com não brancos. A Lei de Registro da População é aprovada, criando um registro de identidade para cada sul-africano maior de idade categorizando-os em grupos raciais: brancos, negros, de cor (mestiços) e indianos. Também se estabeleceu a Lei de Áreas de Agrupamento, delimitando regiões de moradia específicas para cada grupo. A Lei de Supressão ao Comunismo bane o Partido Comunista da África do Sul (PCAS) e diversas outras organizações contrárias ao regime.

1952: A Campanha de Desobediência é desencadeada, incentivando a população não branca a infringir a legislação racista em massa para congestionar as prisões do país.

1953: A Lei de Educação Bantu é aprovada, segregando a educação com base na raça. A Lei de Reserva dos Benefícios Sociais também passa a determinar quais locais públicos seriam destinados a cada grupo racial, incluindo hospitais, praças, praias e ônibus.

1955: O Congresso do Povo elabora a Carta pela Liberdade, um documento que exige direitos iguais para todos. O regime do *apartheid* responde com o Julgamento por Traição, com 156 réus.

1959: Remoção forçada de negros para os "bantustões".

1960: Manifestação pacífica contra a Lei do Passe acaba com brutal repressão, no episódio conhecido como Massacre de Sharpeville. CNA e Congresso Pan-Africanista são banidos. O dirigente do CNA à época, Albert Lutuli, recebe o Nobel da Paz por sua atuação de resistência pacífica. Pressão internacional contra o regime começa a ser sentida, África do Sul é banida dos Jogos Olímpicos.

1961: Criação do braço armado do CNA, o uMkhonto we Sizwe (MK).

1962: Nelson Mandela é preso e condenado à prisão perpétua.

1976: Steve Biko, destacado ativista anti*apartheid*, morre sob custódia da polícia. Manifestação estudantil contra a obrigatoriedade do ensino de africâner é fortemente reprimida, com mais de 500 mortos, ficando a data conhecida como Levante de Soweto.

1977: O Conselho de Segurança das Nações Unidas impõe um embargo de armas à África do Sul.

1985: EUA impõem sanções econômicas à África do Sul.

1990: Nelson Mandela é libertado da prisão após 27 anos.

1991: O governo sul-africano revoga a Lei de Registro da População e outras leis do *apartheid*.

1993: O governo africâner e o Congresso Nacional Africano (CNA) assinam o Acordo de Paz, abrindo caminho para eleições democráticas.

1994: A África do Sul realiza suas primeiras eleições democráticas, com Nelson Mandela se tornando o primeiro presidente negro do país.

1995: A Comissão de Verdade e Reconciliação é estabelecida para investigar abusos de direitos humanos cometidos durante o *apartheid*.

1996: A nova constituição é adotada, consagrando a igualdade e os direitos humanos.

2004: O Museu do *Apartheid* em Joanesburgo é inaugurado.

Ruth First

1925: Nasce Ruth First.

1939: Torna-se membra do clube do livro da Esquerda Jovem.

1942: Começa seus estudos em Ciências Sociais na Universidade de Witwatersrand (Wits).

1947: Passa a trabalhar na Divisão de Bem-Estar Social da Câmara Municipal de Joanesburgo. Logo depois começa como editora do jornal *Guardian*.

1949: Casa-se com Joe Slovo. Nasce Shawn, primeira filha do casal.

1950: First e Slovo entram na lista das pessoas censuradas pela Lei de Supressão ao Comunismo.

1952: Gillian, a segunda filha do casal, nasce.

1953: Torna-se membra fundadora do Congresso dos Democratas. Inicia a edição do jornal *Fighting Talk*.

1955: Participa da organização do Congresso do Povo, compondo o comitê de redação da Carta pela Liberdade.

1956: First é presa pela primeira vez, entre os 156 detidos no Julgamento por Traição.

1960: Ruth leva seus filhos para a Suazilândia por uns meses, depois do episódio de Sharpeville. Ao regressarem, Ruth começa a trabalhar na edição do *New Age*.

1961: Faz uma viagem clandestina para a Namíbia. No retorno, é banida de Joanesburgo por 5 anos.

1963: Publica o livro sobre a história da Namíbia. É detida na biblioteca da Wits, levada para a cadeia, passando 117 dias na solitária.

1964: Vai para o exílio na Inglaterra, com a família.

1965: Publicado seu livro *117 dias*, sobre sua prisão. Torna-se filme, com ela interpretando a si mesma.

1970: Publica o livro *Power in Africa* e *The Barrel of a Gun*.

1973: Começa a lecionar Sociologia do Subdesenvolvimento na Durham University.

1974: Publica o livro *Líbia, a revolução elusiva*, baseado em entrevistas de campo.

1977: Torna-se professora e diretora de pesquisa do Centro de Estudos Africanos para a Universidade Eduardo Mondlane, em Moçambique.

1982: É assassinada com uma carta-bomba em seu escritório.

Introdução

Vashna Jagarnath

Como Antonio Gramsci, Claudia Jones, Frantz Fanon, Karl Marx e tantos outros, Ruth First desempenhou diversos papéis nas lutas de seu tempo. Foi, simultaneamente, militante comunista, jornalista e uma intelectual brilhante. Ela ocupa um lugar de honra na história do jornalismo sul-africano e está ao lado de grandes figuras como Sol Plaatje e Govan Mbeki. O abismo entre nomes como Ruth First, Mbeki e Plaatje e o estado lastimável do jornalismo na África do Sul hoje é extraordinariamente evidente. Isso se aplica, é claro, ao abismo entre as contribuições intelectuais feitas nas lutas de libertação do passado e o estado lamentável do debate intelectual em grande parte de nossa vida política hoje. Além disso, dentro e fora da Academia, poucos pensadores contemporâneos desenvolvem seu trabalho inseridos em um movimento social ou sindical. O intelectual genuinamente radical sempre percorre um caminho doloroso, muitas vezes perseguido por calúnias, isolamento profissional e até mesmo exílio, prisões e assassinato. Ruth First sabia muito bem disso, inicialmente por meio das experiências de outros militantes. Steve Biko fora assassinado em setembro de 1977, e Richard Turner, em janeiro de 1978. Quatro anos depois, em 17 de agosto de 1982, sua vida também teria um fim repentino, em meio ao ato cotidiano de abrir um pacote enviado ao seu escritório na universidade em Maputo. A carta-bomba havia sido enviada por ordem de Craig Williamson, um espião do Estado do *apartheid*.

O principal intelectual do Congresso Nacional Africano (CNA), Pallo Jordan, estava na mesma sala que Ruth First quando a bomba explodiu. O historiador congolês Jacques Depelchin, que estava no escritório vizinho, relembrou o horror da cena e como arrancou cacos de vidro do couro cabeludo de Jordan. Alguns dias depois, o grande pianista de jazz Abdullah Ibrahim executou um réquiem para Ruth First em Maputo.

Em um discurso proferido em homenagem a Ruth First em 2020, Jordan comentou:

> Todo o peso do golpe desferido contra nós quando o regime do *apartheid* ordenou o assassinato de Ruth First é sentido em momentos como o presente. Sua mente incisiva e analítica teria enriquecido muito o debate nacional dentro e fora do movimento de libertação e ajudado a definir o caminho a seguir. A camarada Ruth First foi notável porque ela levou a sério as *Teses de Feuerbach* de Marx, nas quais ele disse: 'Os filósofos apenas interpretaram o mundo de diferentes maneiras; porém, o que importa é transformá-lo'.

Heloise Ruth First nasceu em uma família de comunistas em 4 de maio de 1925. Seus pais, Matilda Levetan e Julius First, foram membros fundadores do Partido Comunista da África do Sul [PCAS], fundado em 1921. Ao lado de seu irmão Ronald, ela cresceu em uma casa cheia de vívidas discussões políticas com pessoas de diferentes raças e classes sociais. O mundo fora de sua casa era profunda e violentamente dividido por raça, classe e gênero, mas Ruth nasceu em um lar muito diferente, no qual a humanidade plena de todos era levada em consideração. A profunda disjunção entre sua vida familiar e o mundo exterior incutiu um profundo compromisso de lutar contra a opressão e exploração racial, patriarcal, nacional e de classe.

Seu zelo emancipatório não era apenas acadêmico. Desde muito jovem, ela demonstrou dedicação tanto à prática quanto à teoria, uma alimentando a outra. Depois de se matricular no Colégio Jeppe para garotas, ela estudou Ciências Sociais na Universidade de Witwatersrand. Ela demonstrou aptidão para trabalhar em diversos projetos em um amplo espectro da esquerda. Como estudante, atuou como secretária na Liga dos Jovens Comunistas e fundou a Federação de Estudantes Progressistas com outros militantes anti*apartheid*. O mundo de Ruth First estava a quilômetros de distância do sectarismo estreito e muitas vezes tóxico que atormenta muitos da esquerda na África do Sul hoje. Os seus colegas e camaradas durante esse período era um amplo grupo de militantes, incluindo Nelson Mandela; Eduardo Mondlane, o primeiro dirigente da Frelimo;[1] Joe Slovo, o advogado comunista que mais tarde se tornaria seu marido; e Ismail Meer, editor do jornal *Indian Views*. Sempre ocupada, Ruth First produziu um fluxo constante de textos, sem deixar de lado sua atuação política e um trabalho organizacional sólido. Seus artigos foram publicados em jornais e revistas como *The Guardian* e *Fighting Talk*. Muitos desses artigos, escritos anonimamente pela jovem Ruth, mostram sua determinação resoluta em expor a natureza fascista do Estado do *apartheid*, a brutalidade policial e as implicações econômicas e estruturais das leis do *apartheid*. Ao mesmo tempo, ela promoveu a solidariedade não racial construída em organizações antiapartheid por meio da Campanha de Desobediência ao Passe e de boicotes de ônibus. Seu jornalismo não se limitava às questões da classe trabalhadora e dos negros

---

[1] A Frente de Libertação de Moçambique (Frelimo) liderou Moçambique na guerra de libertação nacional contra Portugal que culminou com sua independência em 1975. (N. E.)

na África do Sul. Ela também destacou as conquistas do socialismo em todo o mundo. Em um artigo na edição de novembro de 1948 do *The Guardian*, ela comemorou o 31º aniversário da formação da União das Repúblicas Socialistas Soviéticas (URSS).

Após sua graduação, Ruth First trabalhou como assistente de pesquisa na Divisão de Bem-Estar Social do Conselho Municipal de Joanesburgo. Seu mandato não duraria muito. Ela esperava ser capaz de lidar com a miríade de problemas socioeconômicos enfrentados pela cidade. Em vez disso, foi incumbida de encontrar materiais comemorativos para celebrar o quinquagésimo aniversário do guia turístico da cidade. A profunda contradição entre a imagem otimista de Joanesburgo apresentada pela Câmara Municipal e a realidade de cidade não poderia ser mais repugnante para ela.

Ao longo da década de 1940, tornou-se evidente que o sistema de capitalismo racial sul-africano enfrentava uma crise de mão de obra. Os sindicatos negros, cada vez mais fortes, começaram a enfrentar a opressão e a exploração sofridas pelos trabalhadores negros, em geral, e pelos mineiros, em particular. Muitas dessas lutas foram lideradas e apoiadas pelos comunistas.

Em 1944, o então primeiro-ministro Jan Smuts percebeu que a crescente agitação dos trabalhadores africanos ameaçava todas as bases da capital sul-africana. Ele implementou medidas mais draconianas para reprimir a onda de protestos e de trabalho solidário. A Medida de Guerra n. 1425 emitida por Smuts impedia que grupos de mais de 20 indivíduos se reunissem em propriedades de mineração sem permissão especial. No entanto, apesar dessas medidas, os trabalhadores continuaram a se organizar e, em 12 de agosto de 1946, milhares de mineiros africanos entraram em greve, do leste ao oeste de Rand. Como Ruth First observou em "The Gold of Migrant Labour" ["O ouro da mão de obra migrante"], publicado em 1962, "não há nenhuma indústria com essas dimensões e prosperidade que tenha administrado sua política de mão de obra barata com tanto sucesso".

O Estado sul-africano respondeu com violência implacável para acabar com a greve. Trabalhadores foram perseguidos nos poços das minas, e tiros foram disparados contra eles. Possíveis greves de solidariedade foram cruelmente reprimidas. Em quatro dias, o Estado derrotou mais de 100 mil trabalhadores, forçando-os a voltar ao trabalho. Nove trabalhadores morreram. Muitos outros foram presos e julgados por traição e sedição. Entre eles estavam dirigentes sindicais, todo o comitê central do Partido Comunista e muitos dos líderes do CNA em Joanesburgo.

O Estado sul-africano e os partidos políticos de supremacia branca não perderam tempo em promover o discurso do *swart gevaar* ("perigo negro") e da histeria anticomunista.

O massacre de mineiros grevistas em Marikana, em 2012, demonstrou que o Estado sul-africano das eras colonial, *apartheid* e pós-*apartheid* sempre esteve disposto a trabalhar pelos interesses do capital mineiro e que isso ainda não havia sido abordado politicamente.

Ruth se tornou uma peça central do Partido Comunista quando toda a direção foi presa e detida por seu papel nas greves. Nessa altura, ela estava efetivamente administrando os escritórios do Partido Comunista e assumiu a redação do *The Guardian*, ao mesmo tempo que desmascarava e relatava a exploração e opressão dos sul-africanos negros. Ao contrário de muitos comunistas, ela não tinha interesse em lutar apenas contra a opressão de classe. Ela compreendia a intersecção entre classe, raça e gênero. Ela sabia que na África do Sul a questão de classe também é *racializada*. Essas intersecções tornaram-

-se ainda mais marcantes no momento da preparação para as eleições de 1948, quando o Partido Nacional chegou ao poder e começou a implementar o sistema de *apartheid*.

Em 1949, Ruth First casou-se com Joe Slovo. Quando se conheceram, ainda na Universidade de Wits, Slovo havia acabado de retornar da Segunda Guerra Mundial. Em meio à luta política, eles formaram uma família e tiveram três filhos – Shawn, Gillian e Robyn. Apesar da família em crescimento, First e Slovo nunca esmoreceram em seu compromisso com a luta antiapartheid e o socialismo. Eles também desempenharam um papel de liderança em muitas campanhas e protestos políticos, ativos e vibrantes, liderados pela CNA ao longo dos anos 1950.

Sua agitação política não passou despercebida. Em 1956, Ruth First foi um dos 156 réus no Julgamento por Traição que se estenderia até 1961. Apesar de ter sido absolvida com os outros 155, ela foi banida em 1960 sob o Estado de Emergência imposto após o Massacre de Sharpeville. Assim, apesar de absolvida, ela não podia mais comparecer a reuniões políticas, nem publicar qualquer trabalho, nem ser citada publicamente.

Essa tentativa de silenciar Ruth First não foi suficiente para o governo e, em 1963, ela foi presa sob a Lei dos 90 dias, tornando-se a primeira mulher na África do Sul a ser detida sob essa lei. Ela foi mantida presa e em confinamento solitário por 117 dias. Foi uma experiência física e psicologicamente desgastante. Como Winnie Madikizela-Mandela, Ruth First detalhou as condições torturantes em que foi mantida em um livro curto, mas marcante, *One Hundred and Seventeen Days: An account of confinance and interrogation under the South African Ninety-Day Detention Law* [117 dias: um relato sobre o confinamento e interrogatório sob a lei dos 90 dias de detenção sul-africana], um clássico da literatura do cárcere.

Após sua detenção em março de 1964, Ruth First foi para o exílio, onde se juntou ao movimento antiapartheid britânico. Em 1972, tornou-se pesquisadora da Universidade de Manchester e, um ano depois, começou a lecionar na Universidade de Durham. Seu trabalho acadêmico e seu ativismo político mantiveram-se centrados no continente africano.

Em 1977, Ruth First mudou-se para Moçambique, onde foi nomeada professora e diretora de pesquisa do Centro de Estudos Africanos da Universidade Eduardo Mondlane, em Maputo. O compromisso panafricanista de Ruth First era evidente, e ela declarou: "Eu me considero uma africana e não há causa que me seja mais cara". Ela pesquisou a vida dos trabalhadores migrantes, particularmente aqueles que trabalhavam nas minas de ouro sul-africanas e depois expandiu seus interesses para o trabalho pioneiro em todo o continente africano. Como apontado por Adekeye Adebajo, a obra de Ruth First, no verdadeiro espírito do panafricanismo, rejeitou a falsa dicotomia imperialista entre a África subsaariana e o norte da África. Notavelmente, o trabalho de Ruth First não olhou apenas para o impacto das nações imperiais ocidentais na África, mas também para as ambições imperialistas do Estado do *apartheid* na África Austral – por meio de seus ataques à soberania dos países, sua ocupação do Sudoeste Africano (atual Namíbia) e a exploração das classes trabalhadoras africanas nos países vizinhos por meio do sistema de trabalho imigrante. Seu compromisso com uma visão panafricana foi enriquecido por ter vivido na Tanzânia e em Moçambique.

Grande parte de sua obra escrita na década de 1970 tornou-se inovadora no campo de estudos marxistas. *The Barrel of a Gun: Political Power in Africa and the Coup d'état* [O cano de uma arma: o poder político na África e o golpe de Estado] (1970); *The South African Connection: Western Investment in Apartheid*

[A conexão sul-africana: o investimento ocidental no *apartheid*] (1972; coautoria); *Líbia: The Elusive Revolution* [Líbia: a revolução indescritível] (1974); e *The Mozambican Miner: A Study in the Export of Labour* [Os mineiros moçambicanos: um estudo sobre a exportação de mão de obra] (1977), que faz parte desta coletânea, mostram o rigor e a inovação de seu estudo. Além disso, *Olive Schreiner: A Biography* [Olive Schreiner: uma biografia] (1980), coescrito com Anne Scott, evoca o interesse de toda uma vida de Ruth First no papel particular das mulheres em uma sociedade capitalista patriarcal.

Ao lado de tantos outros radicais do passado, Ruth First foi apropriada pelo liberalismo anódino que agora domina setores significativos da academia e da mídia sul-africana. Suas orientações políticas comunistas e panafricanistas raramente são mencionadas, e a natureza radical de seu jornalismo e trabalho é amplamente ocultada.

A reconstituição de um movimento de esquerda viável na África do Sul deve ser um projeto voltado para o futuro, enraizado em novos modelos, que sejam apropriados para os novos tempos. Mas Ruth First permanece como um modelo de compromisso comunista, um farol brilhante iluminando com paixão.

A época, a vida revolucionária de Ruth First e seu legado[1]

Ronnie Kasrils[2]

Nascida em 4 de maio de 1925 em Joanesburgo, Ruth Heloise First foi uma destacada revolucionária que, por meio da experiência prática, se concentrou em desenvolver ideias para impulsionar a ação social. Isso pode ser visto na variedade de esforços como acadêmica, jornalista investigativa e pesquisadora; militante política, oradora e organizadora; e, até a sua morte, como membra do Partido Comunista Sul-Africano (PCSA),[3] embora ela tenha mudado drasticamente em cada uma das sucessivas fases de sua vida impressionante. Ela se interessava por métodos de organização e pelo desenvolvimento de ideias críticas

---

[1] Este artigo baseia-se em uma palestra apresentada na Escola do Partido Jack Simons em 23 de agosto de 2020. A sessão foi realizada virtualmente, reunindo membros do PCSA, público nacional e internacional. A gravação em vídeo da sessão está disponível no canal SACP TV/YouTube: https://www.youtube.com/watch?v=LDKkBIJaRFA. Texto disponível em: https://www.sacp.org.za/content/revolutionary-life-and-times-ruth-first-and-her-legacy. Traduzido por Miguel Yoshida.

[2] Ronnie Kasrils foi membro do Comitê Central e do Bureau Político do Partido Comunista Sul-Africano (PCSA).

[3] O Partido Comunista Sul-Africano (PCSA) foi fundado em 1921, mas operou desta data até 1953 com outro nome, Partido Comunista da África do Sul (PCAS). Órgão fundamental de resistência contra o *apartheid*, atua até os dias de hoje, como parte da aliança tripla ao lado do CNA e do Congresso dos Sindicatos Sul-Africano (Cosatu). (N.E.)

como motores da ação social. Ela tinha a coragem e a perspicácia intelectual para romper com o conhecimento estabelecido. Uma heroína do Congresso Nacional Africano (CNA),[4] do Partido Comunista Sul-Africano e do movimento de libertação, ela era um perigoso espinho na carne do *apartheid* e foi marcado pelo regime para ser eliminada. Ela foi assassinada pelo "esquadrão da morte" do regime em 17 de agosto de 1982 aos 57 anos. Suas ideias e pesquisas criativas, ao lado de sua vida inspiradora, são de valor inestimável até os dias de hoje.

Para compreender Ruth em seu contexto, vou destacar:
- uma compreensão do papel do indivíduo na história como a base para refletir sobre a vida de Ruth First e sua contribuição no campo de suas ideias e de sua ação;
- seu histórico familiar e os primeiros anos de formação que a moldaram;
- sua atividade na Liga da Juventude Comunista (LJC) e graduação na Universidade de Witwatersrand (Wits) em 1946;
- sua carreira como repórter investigativa e editora de publicações do movimento de libertação por uma década e meia;
- sua militância nos anos 1950, incluindo sua filiação ao clandestino Partido Comunista Sul-Africano e seu trabalho com o Congresso Nacional Africano e o Movimento do Congresso (MC), incluindo ela ter sido uma das 156

---

[4] O Congresso Nacional Africano (CNA) é um movimento e um partido político que começou como Congresso Nacional Nativo Sul-Africano em 1912, com o intuito de lutar pelos direitos dos negros sul-africanos. Em 1923, a organização muda para o nome atual. Outro órgão fundamental para a organização da resistência anti*apartheid*, é hoje o partido da situação, e enfrenta diversos desafios entre a governabilidade e o compromisso com sua história de luta (N.E.)

acusadas no Julgamento por Traição[5] ao lado de seu marido Joe Slovo;[6]
- seu trabalho clandestino após o massacre de Sharpeville de 1960[7] e, entre outras coisas, o seu apoio à ala militar do CNA, uMkhonto we Sizwe (MK),[8] o que a levou à dolorosa prisão de 117 dias em uma solitária e seu subsequente exílio em 1964;
- os anos de exílio na Inglaterra (1964-1977), como uma figura internacionalmente aclamada do Movimento Anti*apartheid* (MAA), e como professora universitária. Nesse período publicou nove livros sobre a África;
- o capítulo final de sua vida (1977-1982), como professora de pesquisa social em Maputo e sua militância na Frente

---

[5] O Julgamento por Traição aconteceu em Joanesburgo, em 1956, no qual 156 pessoas foram presas em um protesto contra o governo e foram acusadas de traição. Entre eles, além de Ruth First e Joe Slovo, estava também Nelson Mandela. (N. E.)

[6] Joe Slovo (1926-1995) nasceu na Lituânia e se mudou com a família para a África do Sul aos nove anos. Se formou em Artes e em Direito na Universidade de Witwatersrand. Foi membro do PCSA, membro fundador do Congresso dos Democratas e do MK, sendo seu chefe de gabinete. Atuou também no conselho revolucionário do CNA de 1969 até 1983. Após as eleições de 1994, tornou-se ministro da habitação, cargo no qual atuou até sua morte. (N. E.)

[7] Em meio ao regime do *apartheid*, em 21 de março de 1960, em Sharpeville, África do Sul, 69 pessoas foram assassinadas e 186 feridas quando mais de 20 mil protestantes se manifestavam pacificamente contra a Lei do Passe. (N. E.)

[8] O uMkhonto we Sizwe (MK), nome em zulu que pode ser traduzido como Lança da Nação, foi o braço armado do Congresso Nacional Africano, fundado em 1961 a partir do diagnóstico da necessidade de atitudes mais enfáticas do que apenas os protestos pacíficos que já se desenvolviam há anos. (N. E.)

de Libertação do Moçambique (Frelimo),[9] CNA, MK e PCSA, até sua morte prematura e trágica;
- e, finalmente, uma reflexão sobre o que a vida de Ruth nos ensina em relação aos desafios críticos que enfrentamos atualmente na África do Sul e na região.

O marxismo ensina que as massas fazem a história, sem ignorar o papel crucial do indivíduo no desenvolvimento das ideias revolucionárias, nas descobertas científicas e na inspiração de grandes forças sociais na mudança do mundo. Ruth levou no coração as teses de Marx sobre Feuerbach e sua conclusão: "Os filósofos apenas interpretaram o mundo de diferentes maneiras; porém, o que importa é transformá-lo". Por toda sua vida ela procurou a inter-relação dialética entre teoria e prática. Ela foi tanto uma analista quanto uma militante, empenhada em testar ideias na prática, e trouxe uma inestimável contribuição ao campo das ideias. Foi uma ferrenha antagonista dos dogmas e da substituição de um pensamento rigoroso por chavões e esquemas mecanicistas, desafiando em primeiro lugar sua própria mente. Ela não tinha medo de irritar seus camaradas.

A geração de Mandela,[10] da qual Ruth First era parte, referia-se a si própria como "produtos da luta". Isso refletia a sua compreensão das condições materiais e das ideias que os formaram; lhes deu força e determinação; e enriqueceu seu entendimento do que era necessário fazer para derrubar a supremacia branca e alcançar a

---

[9] A Frente de Libertação de Moçambique (Frelimo) liderou Moçambique na guerra de libertação nacional contra Portugal que culminou com sua independência em 1975. (N. E.)

[10] Nelson Mandela (1918-2013) foi advogado, militante antiapartheid, membro do CNA e comandante-em-chefe do MK. Condenado por sabotagem e conspiração no Julgamento por Traição em 1956, foi prisioneiro político por longos 27 anos. Ganhou o Prêmio Nobel da Paz e tornou-se o primeiro presidente eleito da África do Sul democrática. (N. E.)

liberdade e a igualdade para o seu povo. Conhecimentos e objetivos compartilhados os uniram como um coletivo organizado de indivíduos com laços pessoais duradouros, de diferentes origens étnicas, raciais e de classe.

Ruth First foi uma dessas pessoas e procuramos compreendê-la em seu contexto histórico: cresceu em um mundo em guerra contra o fascismo e, em seu espaço geográfico, como uma sul-africana branca privilegiada – um drama que se passa no interior de um país profundamente dividido entre linhagens de raça e classe, colonizado por quase três séculos até a época de seu nascimento; e submetido a um sistema ainda mais brutal e rígido de *apartheid* quando ela chegou à vida adulta.

Evidentemente sua criação e consciência a incentivaram a ver o que a maior parte dos brancos escolhiam não ver. Isso a levou a procurar a verdade, a entender e a agir, o que demandou elevados princípios morais e coragem.

Ruth First nasceu em Joanesburgo, em um lar de classe média judaica, secular e que ascendeu socialmente. Seus pais, Julius e Tilly First, eram membros do Partido Comunista da África do Sul (PCAS); assim, pode-se dizer que ela era um bebê bolchevique. Julius e Tilly chegaram ao país ainda crianças, na primeira década do século XX com a onda de imigração judia; se encontraram e se casaram na mesma época em que o PCAS se estabelecia e quatro anos de Ruth nascer. Eles eram oriundos da Letônia e Lituânia, respectivamente, ambos parte do império tsarista russo no qual judeus sofriam graves discriminações, sendo considerados cidadãos de segunda classe. Tais imigrantes eram da classe trabalhadora, artesãos e pequenos comerciantes, que haviam sobrevivido à pobreza e aos sangrentos e xenófobos *pogroms* antissemitas. Muitos deles, mas não a maioria, eram religiosos fervorosos, mas pouquíssimos eram sionistas que procuravam a salvação na Palestina. Ao contrário, a maioria sonhava com os EUA como lugar para se emigrar, tendo também a África do Sul como um destino entre outros.

Os membros fundadores do PCAS eram um misto de trabalhadores brancos radicalizados e socialistas vindos da Europa, entre eles S. P. Bunting, Ivor Jones, Bill Andrews, Solly Sach e Julius First. Quando Ruth nasceu, Tilly, ao lado dos primeiros africanos a alcançar uma proeminência como J. B. Marks, Johannes Nkosi, James La Guma e Johnny Gomez, era do partido e demonstrava o crescente alcance dessa jovem organização, tendo T. W. Thibedi como a primeira pessoa negra eleita para o Comitê Central do Partido.

Julius First fundou uma fábrica de móveis que, anos depois, quando o partido foi banido, serviu como refúgio para camaradas que se escondiam da polícia ou, aos finais de semana, como local para reuniões clandestinas do partido.

Ruth cresceu em um ambiente de intenso debate político entre pessoas de todas as raças. Seus pais haviam participado dos primeiros discursos do partido sobre o papel da classe trabalhadora branca; a revolta dos mineiros brancos de 1922; a tese da "República Negra" da Internacional Comunista (Comintern)[11] que levou a um aumento do número dos membros africanos; os expurgos no PCAS nos anos 1930; o renascimento da atividade do Partido durante a Segunda Guerra Mundial e seu apoio à Rússia. Inevitavelmente, esses acontecimentos impactaram Ruth – enquanto crescia, ouvia seus familiares em tais discussões com os camaradas. Mas é claro que, naquela época, quando ela era uma adolescente, os grandes debates haviam mudado com a entrada de trabalhadores negros

---

[11] Trata-se da III Internacional, reunião internacional dos Partidos Comunistas que funcionou entre 1919 e 1943. Organizada e inspirada por Lenin e pelo Partido Comunista da União Soviética bolchevique, buscou a formação de quadros dos PCs e a transformação em partidos revolucionários de massa. (N. E.)

em suas fileiras – e o Partido estava desenhando a estratégia da conexão entre a libertação nacional e o socialismo – que se cristalizou quando ela se tornou uma destacada membra do Partido nos anos 1950. Ela ouvia atentamente e deve ter observado como as diferentes visões se expressavam e como as posições do Partido podiam mudar.

A política econômica da África do Sul havia passado por uma profunda transformação na época em que Ruth nasceu, cujas consequências moldaram a época. A descoberta de ouro, apenas 39 anos antes, e as consequências da revolução mineira mudaram profundamente o país e seu povo. Na década de 1920, Joanesburgo era uma jovem e agitada cidade com um crescimento e urbanização rápida, um caldeirão de povos, com duras condições de exploração para a população negra, muitos vivendo em favelas na periferia, dominada pela elite de influência pró-britânica. A guerra sul-africana entre bôeres e britânicos[12] pelo controle dos recursos e da riqueza, o surgimento de um proletariado africano e a contestação da supremacia branca e do capital pelo despertar de gigantes do trabalho negro, do sindicalismo e do nacionalismo africano deram o tom das respostas de todas as camadas revolucionárias. A dupla clivagem de classe e cor no país se refletia na existência de importantes proponentes da luta de classe e nacional, inicialmente postos em diferentes caminhos, que convergiam nas lutas que se seguiram – nomeadamente, o PCAS e o CNA. Os principais camaradas da geração de Ruth foram centrais para o debate sobre a via para a emancipação

---

[12] Guerra dos Bôeres foi o nome dado aos conflitos entre colonizadores ingleses e holandeses ocorridos no território da atual África do Sul entre 1880-1881 e 1899-1902. Bôeres e africanos negros foram para campos de concentração, perderam suas casas e suas condições de vida, e a população local passou a ser reorganizada sob a União Sul-Africana, sob o estatuto de Domínio do Império Britânico. (N. E.)

nacional e social; dois estágios ou um; aliança com o CNA ou não; desenvolvimento de um Colonialismo de Tipo Especial (CTE) e a Revolução Democrática Nacional como um caminho para o poder.

No auge da luta nos anos 1950, em que ela teve um papel central e significativo, as questões não se resolveram a partir de uma torre de marfim ou por meio de noções puristas, mas sim por meio de uma dura escola de luta prática que viu as rotas das respostas nacional e de classe convergirem em uma aliança específica entre comunistas e nacionalistas revolucionários – uma conquista que não havia sido vista em tal grau em qualquer outra luta anticolonial. Eu diria até que esta foi uma das conquistas mais importantes de Ruth. A forma como ela manejava tais relações – uma mulher dirigindo teoricamente os mais destacados homens africanos revolucionários da época e se colocando lado a lado na luta – é prova de sua perspicácia, coragem e habilidade.

As conquistas de Ruth como teórica revolucionária, professora, escritora e militante foram se desenvolvendo nas décadas turbulentas de 1940-1950. De uma jovem oradora que lutava por apoio público contra o fascismo durante a Segunda Guerra Mundial, passou à soldada rasa reproduzindo e distribuindo panfletos durante as greves de mineiros africanos em 1946. Após o PCAS ter sido posto na ilegalidade nos anos 1950, ela se tornou parte do círculo de confiança que ressuscitou o Partido em sua forma clandestina, como Partido Comunista Sul-Africano (PCSA).

Como jornalista, ela agia intensa e incansavelmente para expor a brutalidade do regime do *apartheid* e era uma repórter da linha de frente da Campanha de Desobediência.[13] Ela foi uma dirigente

---

[13] Campanha de Desobediência: ver explicação detalhada do evento à página 104-105. (N. E.)

do Congresso dos Democratas (COD),[14] o qual ajudou a fundar em 1953 – um pequeno agrupamento de brancos alinhados com o CNA, o Congresso Indiano,[15] o Congresso das Pessoas de Cor[16] e o Congresso de Sindicatos Sul-Africanos (CSAS).[17] Se não fosse uma ordem de banimento do governo, Ruth teria participado do histórico Congresso do Povo em Kliptown, em 1955.[18] Nos bastidores, ela ajudou a formular a Carta pela Liberdade,[19] ao lado de seu

---

[14] Congresso dos Democratas foi uma organização formada em 1953, relativamente pequena, mas que evidenciou a atuação de brancos contra o regime do *apartheid*. (N. E.)

[15] O Congresso Indiano Sul Africano foi fundado em 1919 para apoiar os interesses da comunidade indiana que vivia no território. A partir da década de 1930, a organização foi se radicalizando, buscando articulação de ações com a maioria africana. (N. E.)

[16] O Congresso das Pessoas de Cor foi fundado em 1953, como forma de articulação da população mestiça contra o regime do *apartheid*. A organização lidava com muitas divisões internas, mas conseguiu forjar uma boa cooperação política com outros movimentos de libertação na década de 1950 para formar a Aliança do Congresso. (N. E.)

[17] O Congresso de Sindicatos Sul-Africanos foi fundado em 1955 como uma importante ferramenta de conscientização e organização dos trabalhadores contra os sindicatos brancos e o regime do *apartheid*. Entre 1955 e 1963, o Congresso estabeleceu linhas de comunicação com outras federações sindicais internacionais, ganhando apoio e abrangência para fora da África do Sul. (N. E.)

[18] O Congresso do Povo foi organizado pelo CNA e demais organizações anti*apartheid* com o objetivo de estabelecer a Carta pela Liberdade. Com grande preparo anterior, se definiu que cada uma das organizações envolvidas articularia comitês provinciais que agiriam nos locais de trabalho e nos bairros, para divulgar e sensibilizar as pessoas para a causa, e promovendo delegados locais que auxiliariam na redação da carta. 3 mil delegados se reuniram em Kliptown para votar a carta, que incluía o estabelecimento de direitos iguais para todos e a constituição de um Estado democrático não racial na África do Sul. Foi interrompido antes do seu final pela polícia, que confiscou os documentos e deu origem à reação que culminou no Julgamento por Traição. (N. E.)

[19] Carta pela Liberdade: ver adiante, às páginas 103-114, texto dedicado ao tema. (N. E.)

marido Joe Slovo, com quem se casou em 1949 – e que se tornou um dos principais advogados: ela foi uma das 156 pessoas acusadas na maratona do Julgamento por Traição (1956-1961).

Ruth foi matriculada na Jeppe Girls, recebendo uma educação pensada, tal como outras escolas do mesmo tipo, cujo objetivo era formar massivamente jovens brancos leais às tradições e ideologia da classe dominante britânica – algo contra o qual ela estava vacinada. Quando ela iniciou a graduação em Sociologia na Universidade de Wirwatersrand (Wits), em 1942, já havia ingressado na Liga da Juventude Comunista. Entre seus colegas de universidade estavam Nelson Mandela, Eduardo Mondlane[20] – depois presidente da Frelimo, movimento de libertação de Moçambique –, JN Singh[21] e Ismail Meer,[22] que se tornaram dirigentes do Congresso Indiano Sul-Africano; e, depois, Joe Slovo, que foi estudar Direito após ter cumprido o serviço militar na Itália por um período.

O comunista de longa data Norman Levy,[23] então com 14 anos, descreve 50 anos depois o impacto que ela lhe causou quando ele participou de sua primeira reunião da LJC em 1944, ocasião na qual Ruth se tornara secretária nacional: "Eu ainda a vejo tal como ela era nessa primeira reunião; com 18 anos, cabelo ondu-

---

[20] Eduardo Mondlane (1920-1969) estudou Antropologia e Sociologia na África do Sul, Lisboa e Estados Unidos. Foi professor de sociologia e história na Universidade de Syracuse, Nova York, além de fundador e presidente da Frelimo. Importante lutador e pesquisador anticolonial, morreu ao abrir uma carta-bomba na Tanzânia. (N. E.)

[21] Jaydew Nasib Singh (1920-?) estudou Direito em Witwatersrand, conhecendo Mandela, Ruth First e outros nessa época. Teve importante papel no suporte jurídico clandestino aos militantes anti*apartheid*, uma vez que foi proibido de atuar pelo regime. (N. E.)

[22] Ismail Meer (1918-2000) foi jornalista, sindicalista, advogado e militante político. Foi membro do PCSA e amigo próximo de Nelson Mandela. (N. E.)

[23] Norman Levy (1929-2021) foi membro do PCSA, do COD, e réu no Julgamento por Traição. (N. E.)

lado, pequena e nervosa, defendendo seus pontos de vista em alta velocidade. Ela estava séria, tímida e descuidada, mas sua energia e sua assertividade a destacavam em relação aos outros"

Entre os "outros" 30 presentes estava o importante teórico e acadêmico Lionel Foreman, Paul Joseph, Lucas Masebe – presidente nacional da LJC, possivelmente Ahmed Kathrada, e um jovem de sua idade, com quem ela se casaria cinco anos depois, Joe Slovo. Apesar de parecer "nervosa" para Norman, ele destaca que "Ruth e Lionel eram as estrelas, e seja lá o que os motivava, também motivou os outros".[24]

Ouvi de um de seus muitos admiradores daquela época, acredito que tenha sido Wolfie Kodesh ou Ronnie Press, que os estudantes racistas e também aqueles da tendência "trotskista", furiosos com as denúncias impiedosas feitas por Ruth, diziam "Ruth First, truth last", ao que os seus apoiadores respondiam: "Ruth First's truth lasts!".[25]

Ela se graduou bacharel em Ciências Sociais na Universidade de Wirwatersrand em 1946, sendo aprovada com as maiores notas em Sociologia, Antropologia, História Econômica e na assim chamada Administração Nativa. Seu destino nunca foi ser uma acadêmica na torre de marfim; antes, ela era guiada pela máxima de Marx: "compreender o mundo e transformá-lo". Depois de um breve período como pesquisadora na Câmara municipal de Joanesburgo e de lecionar para trabalhadores africanos na escola noturna do

---

[24] Levy, Norman: *The Final Prize: My life in the* antiapartheid *struggle*. South African History Online, 2011, p. 14-15. Para mim um dos melhores livros de memória do gênero.

[25] Trocadilho com o sobrenome de Ruth, que em inglês também significa "primeiro". A tradução seria: "Ruth primeiro, verdade por último". A resposta de seus apoiadores segue o mesmo espírito, jogando com o significado da palavra last, que pode significar tanto "último" quanto "perdurar"; a tradução da resposta seria então: "A verdade de Ruth First perdura". (N. T.)

Partido, ela entrou para o jornalismo, trabalhando para o periódico do PCSA, *Guardian*. Essa publicação semanal socialista, feita pelos comunistas, se tornava cada vez mais apoiadora do movimento de libertação liderado pelo CNA. Por uma década ela sobreviveu a ordens consecutivas de banimento por meio de mudanças de nome e por sua dedicada equipe editorial, com seu famoso cabeçalho: *New Age* [Nova Era]. O escritório central ficava na Cidade do Cabo, sob direção editorial de Lionel Foreman até sua morte prematura, seguido por Brian Bunting,[26] editor-chefe até o banimento final em 1962, quando leis draconianas tornaram a publicação impossível. Nessa época, o *New Age* sobreviveu brevemente como *Spark* [Centelha]. Ruth dirigia o escritório de Joanesburgo; Govan Mbeki[27] era o responsável em Porto Elizabeth e M. P. Naicker[28] coordenava a equipe de Durban. Esses periódicos refletiam a definição leninista do jornal como instrumento organizativo.

A exposição de Ruth sobre o que passou a ser chamado de Escândalo do Trabalho Rural, em colaboração com o partidário das lutas agrárias Gert Sibande[29] e seu pupilo Joe Gqabi,[30] demonstrava seu jornalismo investigativo fundamentado em pesquisa,

---

[26] Brian Bunting (1920-2008) foi jornalista, político, editor-chefe do *Guardian* e membro do Comitê Central do PCSA. (N.E.)

[27] Govan Mbeki (1910-2001) foi professor, autor, membro do CNA e do PCSA. (N.E.)

[28] Marimuthu Pragalathan Naicker (1920-1977) foi uma liderança política, jornalista, editor e organizador do Congresso Indiano Sul-Africano, do PCSA e da Aliança do Congresso. Foi acusado no Julgamento por Traição de 1956. Editor do periódico *Sechaba*. (N.E.)

[29] Gert Sibande (1907-1987) foi uma liderança dos trabalhores rurais, membro do CNA. Acusado no Julgamento por Traição de 1956, por ter colaborado com as denúncias contra a exploração do trabalho em Bethal. (N.E.)

[30] Joe Gqabi (1929-1981) foi fotógrafo, repórter e membro do CNA e do MK. Assassinado pelo esquadrão da morte do regime do *apartheid* em 1981, quando estava exilado no Zimbábue. (N.E.)

sua habilidade de escrita e uma determinação ferrenha. Esse trabalho trouxe à baila o cruel sistema levado a cabo pela polícia e pelos magistrados, que levava os desafortunados transgressores da lei a trabalhar praticamente como escravizados em fazendas de brancos, como as plantações de batata de Bethel. A investigação e a divulgação competente da história, bem como a promoção de uma campanha de protesto foram o exemplo do que um jornal semanal como *New Age* era capaz de fazer. Seu texto sobre temas como a Campanha de Desobediência, a mobilização e consulta no sentido de adotar a Carta pela Liberdade, os protestos antipasse das mulheres, o sistema de trabalho migrante, os boicotes de ônibus e as condições das favelas são considerados como as melhores peças de jornalismo social e do trabalho, bem como o levante da resistência nos anos 1950. Sua metodologia, geralmente utilizando métodos clandestinos para conseguir provas dos fatos *in loco*, foi um prenúncio de boa parte de seu trabalho posterior em Moçambique, de pesquisa participativa na base.

Em paralelo, ela editava o periódico mensal *Fighting talk* [Conversa de luta], que trazia análises políticas penetrantes, assim como importantes contribuições literárias. Esse último posto ilustra a habilidade de Ruth em atrair figuras culturais centrais como Nadine Gordimer,[31] Barney Simon,[32] escritores e poetas da *Drum*[33] e jazzistas. Tanto ela quanto Joe eram extremamente so-

---

[31] Nadine Gordimer (1923-2014) foi membra fundadora do Congresso de Escritores Sul-Africanos (Cosaw, na sigla em inglês); escritora e roteirista sul-africana, teve diversos de seus livros banidos pelo *apartheid* e apoiava abertamente o CNA e o MAA. Recebeu o Nobel de Literatura de 1991. (N.E.)

[32] Barney Simon (1932-1995) foi um escritor, dramaturgo e diretor sul-africano, destacado por sua atuação na promoção do drama negro nativo sul--africano. (N.E.)

[33] Revista sul-africana que surgiu nos anos 1950 dirigida especificamente à população negra. (N.E.)

ciáveis, desenvolvendo amizades que duraram por toda a vida, e seu lar em Roosevelt Park, em Joanesburgo, era palco de muitas festas alegres, nas quais brancos e negros tinham seus raros momentos de relaxar juntos – enquanto a polícia agitada obstruía a passagem e anotava as placas dos carros. Como vivido por muitos lares de lutadores daquela época, as batidas policiais baniam e prendiam os pais, deixando as crianças abandonadas. A experiência da família Slovo não era exceção. À época, eles já tinham três filhas talentosas – Shawn, Gillian e Robyn –, todas bem-sucedidas posteriormente como escritoras prolíficas e produtoras de filmes.[34]

Ruth frequentemente recebia do partido a tarefa de viajar ao exterior para participar de reuniões do movimento internacional da juventude democrática, experimentando em primeira mão as condições de desenvolvimento socialista na União Soviética, no Leste Europeu e na China, o que ela transmitia para um movimento de libertação ávido por saber sobre as alternativas ao capitalismo e à dominação racial. Sua reputação crescia a passos largos e ela ganhou confiança e admiração nos círculos do Congresso.

As lutas tempestuosas e a repressão do Estado nos anos 1950 viram a unidade da aliança entre CNA e PCSA crescer, um indicativo de como as clivagens paralelas de classe e de cor se aproximaram cada vez mais, e que se solidificaria ainda mais anos depois. Ruth havia observado esse desenvolvimento do CNA: uma organização que basicamente havia realizado conferências anuais até o surgimento da Liga dos Jovens Turcos se tornava um

---

[34] Entre suas obras, Shawn escreveu um filme sobre sua mãe chamado *A world apart* [Um mundo à parte]. Um dos muitos romances de Gillian, *Ties of blood* [Laços de sangue], é baseado na história de sua família. Robyn produziu um filme roteirizado por Shawn sobre o MK, chamado *Catch a fire* [Taca fogo], além de muitos outros.

movimento de massas revolucionário e militante, enfrentando o Estado e a supremacia branca.

Após o massacre de Sharpeville, em 21 de março de 1960, e do estado de emergência, Ruth conseguiu evitar a prisão e buscou asilo com suas filhas mais novas na Suazilândia, enquanto seu marido Joe estava preso com centenas de outras pessoas. Quando o estado de emergência foi suspenso, eles se reuniram novamente em sua casa, mas a situação se tornava cada vez mais desafiadora e demandava cada vez mais sacrifícios.

O dia 16 de dezembro de 1961 marcou o nascimento do uMkhonto we Sizwe (MK), no qual Joe Slovo – mais tarde chefe do Estado-maior no exílio – foi comandante duplo, em nome do PCSA, com Mandela. Ruth escreveu boa parte da mensagem que foi clandestinamente transmitida pela rádio de Walter Sisulu,[35] Depois das prisões de Rivonia, ela trabalhou secretamente com Bram Fischer[36] e Hilda Bernstein[37] para ajudar e fazer conexões com os que estavam clandestinos. Enquanto Joe estava no exterior em uma missão para organizar treinamento e armas para

---

[35] Walter Sisulu (1912-2003) foi um ativista antiapartheid e membro do CNA, servindo por vezes como secretário-geral e vice-presidente da organização. Foi detido na prisão de Robben Island, onde cumpriu uma pena de mais de 25 anos. (N. E.)

[36] Bram Fischer (1908-1975) foi um advogado comunista sul-africano bastante conhecido pela defesa dos militantes anti*apartheid*, incluindo Nelson Mandela. Foi condenado por sua atuação, acusado de promoção do comunismo, recebendo prisão perpétua a partir de 1966. Descobriu um câncer dentro da prisão em 1974, morrendo pouco depois. (N.E.)

[37] Hilda Bernstein (1915-2006), nascida em Londres, mudou-se para a África do Sul com 17 anos, e desde essa idade já se envolveu nos movimentos de juventude, principalmente como jornalista. Membra do PCAS entre 1937 e 1946, membra fundadora da Federação das Mulheres Sul-Africanas e uma das organizadoras da Marcha das Mulheres para os Prédios da União em 1956, atravessou o exílio na Inglaterra participando ativamente do MAA, principalmente por meio da organização de livros para divulgar a causa. (N.E.)

o MK, o que lhe permitiu escapar de ser preso em Rivonia, o tempo estava se esgotando para Ruth. Ela foi presa em agosto de 1963 sob uma lei de detenção de 90 dias, e ficou na solitária por 117 dias, o que posteriormente se tornou o tema de um livro seu com esse título. Essa foi uma dura experiência de tortura mental contra a qual ela teve de lutar para sobreviver, mas da qual saiu sem fornecer qualquer vestígio de informação para seus algozes.

Um oficial de segurança lhe falou: "Você poderia ter sido processada no caso Rivonia. Mas nós não queríamos uma mulher naquele caso". Felizmente, sua mãe estava disponível para cuidar das crianças. O marido de Tilly, Julius First, que havia contribuído financeiramente para a compra da sede clandestina do partido, a fazenda Rivonia, teve de se exilar. Ruth não tinha outra opção a não ser dar entrada em um visto de saída com sua mãe e as crianças, o que significava que elas estariam proibidas de voltar para a África do Sul. Eles encontrariam com Joe em Londres, que com o esmagamento efetivo do trabalho clandestino na África do Sul só teve como alternativa viver e trabalhar no exílio esperando o dia para poder lutar. Só que nenhum deles imaginava que isso demoraria 25 anos.

Nessas difíceis condições, em que a força e dedicação extrema eram necessárias para seguirem sonhando com uma África do Sul livre, um novo capítulo agitado começou na ativa vida de Ruth, que durou de 1964 a 1977 na Inglaterra. A família Slovo estabeleceu seu lar no bairro de Camden Town, com Julius e Tilly como vizinhos e com as crianças tendo de reiniciar sua vida escolar em um ambiente novo e estranho, nada fácil para os pais e as crianças. No entanto, eles eram uma família unida, e era bastante fácil perceber, como eu o fiz – trabalhando bem próximo a Joe – que lar amoroso e seguro Ruth e Joe estavam sendo capazes de criar apesar de ambos serem tão ativos política e academicamente, com muitas viagens, sobretudo por parte de Joe por conta de seu trabalho com o Partido no exterior. O lar em Camden Town recebeu muitos amigos, e assim como em Joanesburgo, foi um centro de atividade social e política.

Ruth frequentemente era chamada para discursos de abertura de conferências e alcançou a mais alta consideração da esquerda britânica, da *intelligentsia* e de um crescente número de jovens militantes. Por seis anos ela ia, de transporte público, de Londres a Durham, no norte da Inglaterra, onde lecionava estudos sobre desenvolvimento. Ela interagia bem com importantes figuras da esquerda acadêmica ao lado de seu camarada e colega Harold Wolpe, desenvolvendo novas teorias sobre a economia da África do Sul. Entre elas estava o professor marxista Ralph Milburn; Jack Woddis, autor do Partido Comunista Britânico sobre a África; o escritor estadunidense William Pomeroy; os exilados sul-africanos Ronald Segal e Ros Ainslee; e o organizador da solidariedade no Vietnã Tariq Ali. Ela demonstrou interesse no pensamento e nas atividades da "Nova Esquerda" que estava surgindo, e, diferente de muitos outros que estavam no exílio, procurou interagir com eles para pôr seu marxismo à prova e atualizá-lo, bem como entender o ponto de vista dessa nova esquerda.

Isso suscitou críticas no interior do Partido e ela foi tratada com frieza por alguns. Não é verdade, no entanto, que ela tenha sido suspensa do Partido. Tornou-se crítica à União Soviética, questionando sua nomenclatura burocrática e a intervenção de 1968 na Tchecoslováquia. Ela ficou estarrecida com o fato de haver tão poucas mulheres no Comitê Central Soviético que, por vezes, era composto por centenas de membros; e, certamente, em 69 anos de história da URSS, nem uma única mulher ocupou postos no politibirô. Em uma ocasião ela insistiu comigo sobre a razão de durante a guerra ter havido heroínas como Ludmila Pavlichenko, a atiradora que matou 309 nazistas. Para mim, ela era uma heroína especial por conta de meu treinamento militar em Odessa em 1964; no entanto, além dela e de uma única cosmonauta, Valentine Tereshkova, nenhuma mulher era vista nas posições políticas mais altas. Eu admito de bom grado que por vezes Ruth pegou pesado comigo, mas se ela falava de maneira dura, era porque também estava pronta para ser severamente criticada. Fiquei pensativo com a bronca com relação a Pavlichenko, mas ela me surpreendeu apresentando a bela gravação da canção de Woody Guthrie em homenagem à "Senhora Pavlichenko muito famosa".

Ruth considerava ter "despertado tardiamente" para o feminismo, mas nunca foi fervorosa com relação à política de identidade. Ela certamente incentivou e encorajou jovens mulheres em sua militância – e elas tinham grande inspiração nela, assim como os jovens quadros masculinos. No entanto, Ruth não queria estar vinculada à política das mulheres. Por toda sua vida política ela estava na linha de frente do movimento e não por meio de uma representação por conta de seu gênero.

Algumas pessoas a veem equivocadamente como uma "dissidente" ou "não conformista" ou "livre pensadora individualista" porque ela não tinha medo de levantar questões constrangedoras ou de explorar novos terrenos quando outros permaneciam imóveis, repetindo antigos chavões. O marxismo de Ruth era tal como desenvolvido e defendido por Marx. Uma compreensão dialética de que a teoria precisa ser desenvolvida com condições constantemente em mudança; "faça perguntas e duvide de tudo", enriqueça a teoria por meio da práxis – unidade de teoria e ação. Para "compreender o mundo e transformá-lo" era necessário estar sempre em dia com o mundo em constante mudança e não permanecer preso ao passado.

O período em que Ruth passou na Inglaterra foi o mais prolífico para sua escrita. Além de inúmeros artigos no Antiapartheid *News*, no periódico *Sechaba*[38] do CNA e em outras publicações, ela deve ter contribuído com o *African Communist*, mas infelizmente não se pôde confirmar o seu pseudônimo. Eu acho que ela provavelmente escreveu artigos sobre o Sudão, Quênia e Líbia, além de outras questões africanas, incluindo golpes militares e desafios do desenvolvimento. É necessário avançar nas pesquisas sobre isso.

Ela contribuiu para a fundação da *The Review of African Political Economy* [Revista africana de Economia Política] em 1974, dedicada à Economia Política da desigualdade, exploração e opressão. O periódico foi uma invenção de um grupo de jovens marxistas britânicos e sul-africanos com vínculos na Tanzânia. Uma delas, Katherine Salahi (depois Levine), me explicou as vantagens de ter Ruth no conselho:

> além de tudo, ela era a única no coletivo que tinha alguma experiência em publicação. E, é evidente, sua inteligência política era fundamental. Ela era parte vital do coletivo desde o princípio, incrivelmente apoiadora e generosa com seu tempo tanto política quanto praticamente e nos conduzia a uma publicação produzida de maneira mais profissionalizada do que éramos capazes em nossa ignorância. Ela também trouxe acadêmicos sul-africanos – Gavin Williams e Robin Cohen – para trabalhar no grupo. Archie Mafeje estava no conselho consultivo e eles lutavam pelas páginas do periódico [...] E me lembro dela ajudando a selar, endereçar e preencher os envelopes, ela estava sempre disposta a pôr a mão na massa.[39]

Ruth escreveu e editou muitos livros que refletiam sua paixão pela África. Para tanto, ela viajou pelo continente várias vezes para

---

[38] *Sechaba*, periódico mensal e órgão oficial do CNA publicado entre 1967 e 1990, impresso na Alemanha Oriental e banido no governo do *apartheid*. (N.E.)

[39] Katherine Salahi, correspondência eletrônica com o autor em 27/08/2020.

coletar informações no local de origem. Sua obra lhe concedeu uma reputação internacional como uma das principais autoridades sobre a África.

Ela pesquisou e editou os escritos de Nelson Mandela e Govan Mbeki, publicados ambos em 1967 e respectivamente como *No Easy Walk to Freedom* [Não há caminho fácil para liberdade] (que não deve ser confundido com a autobiografia de Mandela) e *The Peasants Revolt* [A revolta dos camponeses]. Aquele ano foi extremamente agitado, no qual ela ajudou o queniano Oginga Odinga, um socialista que se opunha à dominação corrupta do partido único Jomo Kenyata, a editar sua autobiografia *Not Yet Uhuru* [Ainda não liberdade], publicada em 1967. Sua prisão em 1964 na África do Sul foi publicada sob o título de *117 Days* [117 dias] (1965) e é profundamente comovente. Ela se tornou tema de um documentário televisivo em que ela interpretava a si mesma. Com seu colega de exílio, Ronald Segal, editou *South West Africa: Travesty of Trust* [Sudeste da África: um arremedo de confiança], 1967. Nos anos 1970, ela publicou *The Barrel of a Gun: The Politics of Coups d'état in Africa* [O cano de uma arma: as políticas do golpe de Estado na África] (1970); seguido por *Libya: The Elusive Revolution* [Líbia: a revolução elusiva] *(1974)*; e com Jonathan Steele e Christabel Gurney, *The South African Connection: Western Investment in Apartheid* [A conexão sul-africana: o investimento ocidental no *apartheid*] (1972). Foi nessa época que ela foi absorvida pelas obras feministas contemporâneas, resultando em uma extraordinária biografia: *Olive Schreiner* (1980) que ela escreveu com Anne Scott. Considerando a atual situação da África do Sul, suas observações com relação aos golpes no oeste e norte da África em *Barrel of a gun* sobre a corrupção e egoísmo das elites africanas foram muito visionárias: "surge por meio da política, sob o sistema de partidos, sob governos militares, das fileiras do negócio e das elites corporativas que dirigem o Estado, o Exército e o serviço social".

Em 1977, Ruth agarrou a oportunidade de trabalhar na África, quando a Frelimo, com a qual ela era bastante alinhada, a procurou para dirigir o Centro de Estudos Africanos na Universidade Eduardo Mondlane em Maputo, Moçambique. Reunindo um dinâmico grupo de jovens intelectuais, ela se engajou na formação de estudantes em técnicas de pesquisa e dirigiu amplos campos de estudos nas relações entre agricultura e estado. Seu projeto mais conhecido foi uma pesquisa sobre a vida dos trabalhadores migrantes que trabalhavam nas minas de ouro sul-africanas. Os resultados dessas pesquisas, pioneiras na forma de pesquisa participativa de base, foram publicados um ano depois de sua morte, com o título *Black Gold: the Mozambican Miner, Proletarian and Peasant* [Ouro negro: o mineiro, o proletário e o camponês moçambicano], 1983.

Nesse novo capítulo emocionante em sua vida, de 1977 a 1982, ela esteve muito envolvida com o CNA em Maputo, realizando reuniões e assessorando jovens quadros envolvidos na reconstrução clandestina no interior da África do Sul. Ela era uma membra entusiasta das estruturas do PCSA e como sempre incentivava seus camaradas no trabalho em seguir a formulação de Lenin: "análise concreta da situação concreta", e como sempre a ter a mente aberta e "questionar tudo". Ruth estava em seu melhor momento, vivendo em um apartamento com Joe. Todos achavam que ela seria o melhor alvo para o assassino regime do *apartheid*. A vida dessa mulher extraordinária foi ceifada por uma covarde carta bomba que ela abriu em seu escritório em 17 de agosto de 1982. Isso foi parte de um crescente número de assassinatos realizados pelos esquadrões da morte do *apartheid* e davam sequência ao assassinato um ano antes de Joe Gqabi, seu pupilo de *New Age*, em Harare. Houve uma grande comoção internacional, com mais de 3 mil pessoas comparecendo ao seu funeral em Maputo.

Nas orações fúnebres, Moses Mabhida, secretário-geral do PCSA, declarou:

> A bomba que levou a vida da camarada Ruth tinha a intenção de privar nosso movimento das contribuições de uma das nossas mais talentosas militantes. Reconhecemos abertamente a gravidade excepcional dessa perda para nós com sua morte. Mas ao mesmo tempo proclamamos que sua imensa contribuição para nosso movimento nunca será perdida, ao contrário ajudará a guiar nossas ações e a inspirar nossos militantes nos próximos anos.

Ele encerrou sua fala com as seguintes palavras: "Queremos dizer 'Adeus camarada Ruth' e queremos te garantir *que a luta que você tanto amava será levada adiante com toda determinação e intensidade*" (destaques meus).

Ainda choramos pela vida de Ruth First, que completaria 95 anos [em 2020], ano no qual três de seus camaradas em armas próximos morreram: Denis Goldbert, Andrew Mlangeni e John Nkadimeng. Os dois últimos trabalharam com ela em Joanesburgo e Andrew Mlangeni foi um dos camaradas que se escondeu na fábrica do pai dela quando a polícia o perseguia. Ela trabalhou com John Nkadimeng em Maputo.

Embora rendamos nossas homenagens a ela, como honramos aqueles heróis recentemente, podemos dizer com toda honestidade que as palavras de Moses Mabhida, diante da tumba de Ruth 38 anos atrás, estão sendo levadas adiante pelo movimento pelo qual ela deu sua vida? Repetindo aquele compromisso: "*a luta que você tanto amava será levada adiante com toda determinação e intensidade*".

Embora haja muita com o que Ruth ficaria entusiasmada, incluindo a insistência do CNA em elevar as mulheres para altos postos do governo e a presença delas no parlamento, sem dúvida ela também estaria chocada com a situação do CNA e do país hoje. Não tenho dúvidas que ela teria levantado sua voz incisiva contra a corrupção, o desgoverno, as condições chocantes de desemprego, pobreza e condições de vida dos pobres, a violência contra a mulher. Considerando sua mente analítica, aquela análise não teria simplesmente se detido nos anos de chumbo de Zuma,[40] mas certamente teria questionado as decisões que trouxeram o fim do Programa de Reconstrução e Desenvolvimento, a introdução da política de Crescimento, Emprego e Redistribuição e a guinada à economia neoliberal, corporativa do livre mercado do capital. Ela certamente estaria envolvida em um corajoso discurso marxista sobre um modelo socioeconômico alternativo; não apenas para nosso país, mas para a África e o mundo. E isso incluiria não apenas questões com relação às mulheres e aos atingidos pela pobreza, mas com relação ao planeta e um ecossistema em perigo pelas mudanças climáticas e destruição ambiental. O fracasso de nosso país em agir de maneira mais decisiva sobre a situação do Zimbábue e a crescente ameaça do terrorismo do Estado Islâmico (Isis) no norte de Moçambique poderia ter lhe assustado também.

Embora não se possa pensar pelos mortos, pelo menos os vivos – aprendendo das valorosas lições e legados – têm que levar adiante a luta com a qual ela e a geração dela estavam tão comprometidos, com determinação, intensidade e integridade. Ao levá-la adiante, devem ser guiados pelas ideias que lhe davam energia e

---

[40] Referência a Jacob Zuma (1942), cujo passado de resistência combativa no CNA e no uMkhonto we Sizwe lhe rendeu bastante projeção e apoio popular após o fim do *apartheid* em 1994, mas que enfrentou diversos processos, acusações e até mesmo prisão relativos ao mal cumprimento de suas funções públicas (corrupção, tráfico de influências e fraude) em seu percurso como vice-presidente do país (1999 e 2005), presidente do Congresso Nacional Africano (2007 e 2017) e presidente da África do Sul (2009 e 2018). (N.E.)

a moviam: "compreender o mundo para transformá-lo", "fazer perguntas e duvidar de tudo", e partir da "análise concreta da situação concreta"!

No aniversário de sua morte, enquanto eu preparava essa fala, ouvi uma militante e artista afro-americana, Faith Ringold, uma apoiadora dos protestos "Black lives matter" [Vidas negras importam] que varreram os EUA dizer: "É mais difícil ser uma mulher que ser negro". Nesse mesmo dia, Kwasa Zozo, uma estudante da Universidade de Witwatersrand, foi brutalmente assassinada pelo seu namorado. A luta de Ruth para mudar o mundo continua. Sua vida foi exemplar para os homens e para as mulheres, velhas e novas, que desejavam compreender o mundo e transformá-lo.

Materiais para consulta

Para ler uma coleção de escritos de Ruth First, visite The Ruth First Papers em http://www.ruthfirstpapers.org.uk/

Ruth First

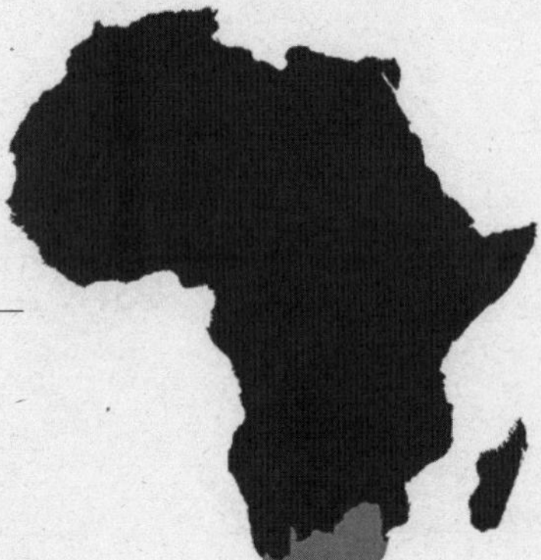

Pretória conquistada pelas mulheres![1]

Joanesburgo – Em uma manifestação multirracial contra uma lei injusta, quase 2 mil mulheres marcharam em Pretória na semana passada, em direção aos *Union Buildings*,[2] para apresentar suas demandas a quatro ministros.[3]

Pretória nunca tinha visto nada parecido antes. Superando todos os obstáculos colocados em seu caminho, grandes e peque-

---

[1] Discurso de protesto proferido nos Union Buildings, em Pretória, *New Age*, 3 de novembro de 1955. Extraído de D. Pinnock, *Voices of Liberation*, v. 2: Ruth First, Pretória: Human Sciences Research Council Publishers, 1997.

[2] Os Union Buildings, em Pretoria, são a sede oficial do governo da África do Sul. (N. E.)

[3] Em 1955, o governo sul-africano declarou que as mulheres africanas que viviam em municípios urbanos (áreas residenciais periféricas segregadas e destinadas a residentes negros) seriam obrigadas a comprar novas autorizações de entrada a cada mês. Esta foi uma nova adição às Leis de Passe – um sistema de passaporte interno projetado para segregar as chamadas raças, limitar drasticamente a mobilidade da população africana, restringir e controlar a urbanização e designar o trabalho migrante oficialmente sancionado. Em 27 de outubro de 1955, cerca de 2 mil mulheres sul-africanas marcharam até a sede oficial do governo sul-africano, os Union Buildings, para protestar contra essas e outras leis que reforçavam uma sociedade racialmente opressiva. Essa mobilização foi um passo crítico na participação organizada das mulheres no movimento anti*apartheid*, pois, menos de um ano depois, mais de 20 mil mulheres embarcariam na histórica Marcha Multirracial Anti-Passe para Pretória, em 9 de agosto de 1956, agora comemorado como o Dia da Mulher. (N. E.)

nos, as mulheres vieram de todas as partes da África do Sul para participar da manifestação. Por horas, elas lotaram as escadarias dos Union Buildings e se reuniram nos saguões enquanto as dirigentes tentavam entregar os formulários da petição já assinados.

Os ministros fugiam delas – então as mulheres deixaram os formulários da petição na porta de seus gabinetes para garantir que os vissem quando finalmente retornassem para suas salas.

A polícia recorreu a todo tipo de estratagema para deter a manifestação. As mulheres foram proibidas de realizar reuniões ou passeatas. O Conselho de Transportes, no último minuto, recusou as licenças para os ônibus.

Os serviços ferroviários recusaram o pedido de vagões especiais feito pela Federação das Mulheres Sul-Africanas.[4] Quando as mulheres se apresentaram pela manhã nos guichês de compras de passagens, os balconistas de algumas estações se recusaram a vender passagens a Pretória para qualquer mulher. Carros foram parados nas estradas que levavam a Pretória, táxis foram multados e grandes contingentes de mulheres foram detidas em delegacias de polícia.

Mas as mulheres eram invencíveis. Elas estavam determinadas a chegar aos Union Buildings. E assim o fizeram!

Ao todo, 1.600 mulheres convergiram para Pretória, ficando sentadas por horas do lado de fora da estação de Pretória enquanto um serviço de táxis e carros particulares era organizado para levá-las aos Union Buildings. Durante horas na manhã de quinta-feira, 26 de outubro, houve um fluxo interminável e colorido de mulheres,

---

[4] Formada em 1954, a Federação Sul-Africana de Mulheres era uma organização multirracial de mulheres que fazia parte da Aliança do Congresso, mais ampla, e que era um conjunto de organizações ligadas ao Congresso Nacional Africano. A Marcha das Mulheres de 1956 foi uma das maiores conquistas da Federação. (N.E.)

muitas carregando seus filhos, serpenteando pelos lindos jardins do governo e pelo anfiteatro. Elas encheram o grande semicírculo de granito – triunfantes por haverem chegado, ficando mais exultantes a cada hora que passava e ao ver seu número aumentando, mas calmas, disciplinadas e quietas em seu protesto unânime contra passes para mulheres africanas, a Lei de Educação Bantu, o Registro da População, a Lei das Áreas de Grupo, a Lei de Supressão do Comunismo, a Proposta de Emenda às Leis Criminais, a Lei de Segurança Pública e todas as demais leis opressivas.[5]

Desde as primeiras horas da manhã, as mulheres começaram a se reunir em pontos de encontro combinados em seus municípios. Elas vieram com seus bebês, carregando cestos com comidas, malas e pastas; algumas com cobertores, várias com guarda-sóis enormes. Muitas encontraram o caminho bloqueado no último minuto, mas, implacáveis, contornaram os obstáculos.

As mulheres de Natalspruit descobriram que seus ônibus haviam sido cancelados e que os motoristas dos caminhões alugados haviam sido ameaçados com processos pela polícia, caso transportassem as mulheres. Assim, elas partiram para a estação de

---

[5] A Lei de Educação Bantu referia-se à educação inferior reservada aos africanos para garantir mão de obra barata, não qualificada e semiqualificada. Em 1950, a Lei de Registro da População começou a exigir que as pessoas fossem identificadas e registradas desde o nascimento como um dos quatro grupos raciais distintos: branco, mestiço, bantu (africano) e outro (indiano e asiático), enquanto a Lei das Áreas de Grupos obrigava esses grupos a viver em áreas segregadas. No mesmo ano, a Lei de Supressão do Comunismo foi usada para reprimir organizações que defendiam a igualdade racial, forçando grupos como o CNA e o Partido Comunista da África do Sul (PCAS) a entrar na clandestinidade. Em 1953, proposta de Emenda à Lei Criminal e a Lei de Segurança Pública foram aprovadas em resposta à Campanha de Desobediência de 1952, uma campanha não violenta de resistência em massa na qual os manifestantes realizaram atos de desobediência civil. Essa campanha ganhou atenção internacional. (N.E.)

Germiston – a uma distância de aproximadamente 13 quilômetros – e lá compraram suas passagens para Pretória.

As mulheres de Orlando foram informadas pelo balconista de que nenhuma passagem seria vendida para mulheres. Algumas conseguiram encontrar homens para comprar suas passagens, outras perseveraram e os balconistas retomaram a venda de passagens para todos os viajantes duas horas depois.

As mulheres de Germiston partiram de trem, ao custo de 307 por passagem. As mulheres de Brakpan compraram suas passagens por 202. A estação de Benoni recusou-se a vender passagens para Pretória para mulheres. O povo de Alexandra embarcou no ônibus da Public Utility Transport Corporation (PUTC) para Pretória. A oito quilômetros de Pretória, o ônibus foi parado, encaminhado à delegacia de polícia e mantido ali por duas horas. Depois disso, a polícia teve que liberar o ônibus. As mulheres de Alexandra chegaram ao anfiteatro quando o protesto já havia terminado, a tempo de ver as últimas mulheres descendo os degraus. Mas elas chegaram lá!

Muitas mulheres de Marabastad, em Pretória, foram mantidas sob custódia policial e liberadas apenas quando o protesto já havia terminado.

De Bloemfontein, o Congresso do Estado Livre [Free State Congress] enviou uma delegação de cinco mulheres para participar do protesto. As mulheres vieram de Klerksdorp e Rustenburg.

Uma fábrica de roupas de Joanesburgo fechou por todo esse dia; as trabalhadoras estavam em Pretória.

As mulheres indianas estavam lá em seus maravilhosos saris; mulheres mestiças dos distritos e das fábricas mestiças;[6] um gru-

---

[6] O termo "mestiço" [coloured] foi usado nas colônias britânicas na África, bem como no Sudoeste da África (atual Namíbia), para se referir a pessoas

po de mulheres europeias fez um excelente trabalho ajudando a organizar o transporte.

Uma velha africana, meio cega, trouxe sua neta para auxiliá--la. As religiosas africanas estavam lá, com seus brilhantes azuis e brancos; mulheres *dingaka* (herbalistas) com suas contas e peles e todos os seus enfeites; jovens trabalhadoras fabris elegantemente vestidas e emancipadas; donas de casa e mães; empregadas domésticas e lavadeiras; e, mantendo as delegações unidas e dando ao grande encontro aquela disciplina impressionante, as mulheres do Congresso, que começaram esse protesto cerca de oito semanas antes, percorrendo as localidades e municípios quando o Congresso Mãe deliberou sobre o tema.[7]

Às 10h30, os primeiros grupos de mulheres já se encontravam ao pé dos Union Buildings, e começava a caminhada em direção ao anfiteatro. Por duas ou três horas, houve um fluxo constante de mulheres subindo e, quando chegaram ao anfiteatro, cada mulher (e eram poucas as que não estavam ofegando e resfolegando) entregou seu formulário da petição já assinado a quatro mulheres das quatro organizações posicionadas ali para recebê-las.

Em seguida, as mulheres sentaram-se em volta do anfiteatro. Durante todo o tempo, elas permaneceram sentadas em silêncio,

---

de origens raciais misturadas. Embora muitas vezes contestado, continua sendo um termo oficial utilizado por vários Estados, incluindo a África do Sul. (N. E.)

[7] A Aliança do Congresso foi uma frente conjunta anti*apartheid* formada em 1954 que unia forças políticas do CNA, do Congresso Indiano Sul-Africano, do Congresso Sul-Africano de Pessoas Mestiças, do Congresso Branco Sul-Africano de Democratas e do Congresso Sul-Africano de Sindicatos em uma frente unida multirracial conhecida como Aliança do Congresso. Em 26 de junho de 1955, o Congresso do Povo da Aliança do Congresso, realizado em Kliptown, Joanesburgo, publicou sua Carta pela Liberdade, reunindo demandas por direitos políticos e socioeconômicos de ativistas anti*apartheid* em todo o país. (N. E.)

e a multidão foi crescendo à medida que a manhã passava. Das janelas e varandas dos Union Buildings, o funcionalismo público assistia com espanto a esta impressionante manifestação. A pilha de formulários cresceu até chegar a 1.600.

Da cúpula, a sra. Helen Joseph, a sra. Lillian Ngoyi, a srta. Sophia Williams e a sra. Rahima Moosa anunciaram que entregariam os formulários aos ministros. Eles se afastaram com um grande grito de "Afrika" e a saudação do polegar levantado.[8] As mulheres continuaram sentadas em silêncio.

Seguidas por repórteres e fotógrafos e com a Seção Especial nunca muito longe, as quatro foram primeiro ao escritório do dr. Verwoerd, ministro de Assuntos Internos, que apenas uma semana antes havia dito às mulheres que suas políticas deveriam ser alvo de "elogios, não de protestos".[9] A porta estava trancada (era

---

[8] Helen Joseph (1905-1992) foi membra-fundadora do Congresso dos Democratas da África do Sul. Lillian Ngoyi (1911-1980), que trabalhava como maquinista em uma mina, se tornaria a primeira mulher eleita para o comitê executivo do CNA. Sophia Williams-Du Bruyn foi uma das fundadoras do SACTU. Aos 18 anos, ela era a mais jovem entre as lideranças da Marcha das Mulheres. Comissária sindical do Sindicato dos Trabalhadores de Alimentos e Conservas da Cidade do Cabo, Rahima Moosa (1922-1993) envolveu-se com o CNA por meio de seu trabalho anterior com o Congresso Indiano do Transvaal. Ela estava grávida na época da Marcha das Mulheres.

[9] A Divisão Especial era a ala de segurança e inteligência da Polícia sul-africana. Apelidado de "Arquiteto do *apartheid*", o dr. Hendrik Verwoerd (1901-1966) foi o principal responsável por conceber o sistema de opressão racial que foi construído por meio de um programa maciço de remoções rurais e urbanas forçadas para áreas racialmente segregadas, acesso racialmente determinado a empregos e imposição de uma educação inferior para os negros. Ele declarou, de forma infame, que os africanos não deveriam ter aspirações além de serem "cortadores de madeira e puxadores de água". Em 1958, tornou-se o último primeiro-ministro da União da África do Sul (1910-1961), retirando o país da Commonwealth britânica. Ele liderou o Partido Nacional Afrikaner até ser assassinado por Dimitri Tsafendas, um comunista independente, em 1966.

hora do almoço), então uma pilha de protestos foi deixada no capacho para aguardar a volta do ministro. No gabinete do ministro da Justiça, uma *"niksvermoe-dende meisie"* ["garota desavisada", de acordo com o *Die Transvaaler*] disse com entusiasmo quando as mulheres pediram que ela entregasse os protestos ao ministro: "Certamente!"

Quando as quatro voltaram ao anfiteatro e relataram que haviam entregado os protestos, o silêncio foi novamente quebrado quando as mulheres se levantaram para cantar *Nkosi Sikelele* e o som e a harmonia ecoaram das fileiras de mulheres.[10]

Então elas saíram em fileiras do anfiteatro e desceram os jardins a caminho de casa.

Nenhuma ordem foi dada e não houve alvoroço, confusão, pânico ou quaisquer contratempos. O protesto silencioso foi desenvolvido pelas próprias mulheres. Com sua dignidade, disciplina e determinação, elas levaram a vitória para casa.

---

[10] Originalmente composto como um hino cristão em 1897, Nkosi Sikelel'iAfrika [Deus abençoe a África] foi considerado um hino de libertação em todo o sul da África. Versões da canção aparecem nos hinos nacionais da Namíbia, África do Sul, Tanzânia, Zâmbia e Zimbábue, entre outros. (N. E.)

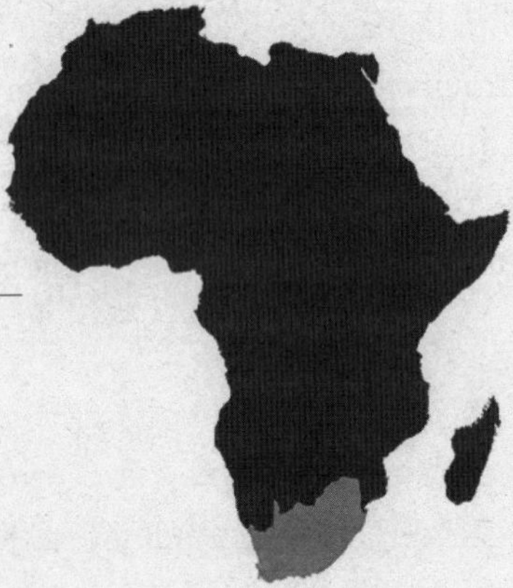

O escândalo do trabalho rural[1]

O escândalo do trabalho rural recentemente revelado nos casos do tribunal e na imprensa chocaram a África do Sul e o mundo. Ali foi exposto um sistema de trabalho forçado nas fazendas, operado conjuntamente por departamentos do governo, as força policiais e fazendeiros particulares. Excluídos pelas restrições das Leis do Passe, muitos milhares de africanos eram obrigados a se separar de suas famílias e sair de suas cidades para realizar trabalhos forçados nas fazendas.

Primeiro o governo se opôs energicamente a realizar qualquer inquérito com relação a esse escândalo. Depois, em meados de junho de 1959, ele de repente capitulou, suspendeu temporariamente o esquema e anunciou que duas comissões realizariam investigações sobre o assunto.

Estávamos preocupados com os males do esquema do trabalho rural antes. Agora, estamos mais preocupados ainda.

As duas comissões designadas para realizar o inquérito sobre o esquema representam apenas os interesses do governo e dos

---

[1] Texto originalmente publicado como um panfleto do periódico *New Age*, em 1959. Disponível em: http://historicalpapers-atom.wits.ac.za/farm-labour-scandal-by-ruth-first-new-age-pamphlet?sf_culture=en. Traduzido por Miguel Yoshida.

grandes fazendeiros; ambos têm sido a má influência por trás do esquema desde 1947, bem como os parceiros nessa operação.

Esse livreto produz os fatos para prová-lo: ele conta a história do esquema e como ele foi exposto. E ele nos alerta que haverá trabalho forçado na África do Sul enquanto os salários e as condições de trabalho e de vida nas fazendas permanecerem aviltantes; as Leis do Passe são utilizadas como um mecanismo para o sistema de trabalho barato e forçado e os africanos na região rural seguem atingidos pela pobreza e famintos por terra.

O escândalo do trabalho rural não é um mal isolado. Ele traz à tona algumas das piores características do *apartheid* e do trabalho barato estatal, e lhes dá uma forma mais hedionda.

UM BAZAR DE PESSOAS

Estávamos indo embora do Escritório do Trabalho Rural de Nigel. No carro estavam dois africanos, um recentemente liberto de uma fazenda na Transvaal oriental, suas roupas em farrapos, olhar siderado, mãos calejadas, os ossos em torno de seu pescoço protuberantes sob sua pele. Seu amigo ouviu sua história das condições na fazenda, olhou para ele com tristeza e então disse, balançando a cabeça: "É um bazar de pessoas".

"Ele havia sido vendido a um fazendeiro" é a frase que o povo africano usa. Maridos, filhos, pais, vizinhos saem pela manhã e não retornam pela noite. Esposas e parentes peregrinam em delegacias de polícia, cadeias, hospitais, necrotérios.

Alguns ficam sem notícias de seus homens por meses, até mais.

Outros sabem ir aos escritórios das agências de emprego na rua Market, em Wynberg ou em Kliptown onde, se tiverem sorte, vão encontrar um atendente que lhes dirá se o homem que estão procurando "foi para a fazenda".

Esses homens são presos pela polícia por estarem na rua após o toque de recolher, por terem esquecido seus passes em uma blusa em casa, por não conseguirem se apresentar em uma agência de emprego dentro de 72 horas se tiverem perdido seu trabalho, por estarem atrasados com seus impostos, por estarem na cidade sem uma permissão.

Depois de serem presos, os homens não são levados ao tribunal; eles não se apresentam diante de qualquer magistrado; eles não têm a chance de se defender, de explicar, de apelar "inocente", de pagar uma multa. E a multa máxima para esses delitos é uma libra ou duas.

A oferta

Em vez disso, lhes é "oferecido" um trabalho em uma fazenda. Paul Anthony, um homem de cor enviado para uma fazenda em Leslie, descreveu em uma declaração no tribunal a chamada "oferta":

> Logo depois das duas da tarde no mesmo dia, eu, acompanhado de muitos outros, fui levado a um oficial europeu cujo escritório fica próximo da Delegacia de polícia de Wynberg. O oficial nos separou em dois grupos e disse que um deles iria para a prisão e outro para as fazendas. Eu fui colocado no grupo que deveria ir para as fazendas, aparentemente com base no fato de eu não possuir um passe. Eu protestei e disse ao oficial que eu era de cor e que eu não levava um passe. Ele me disse para calar a boca e falou que como eu havia demonstrado que não sabia ficar quieto, eu receberia uma punição maior que os outros e que eu deveria ser enviado para as fazendas por 12 meses em vez de seis.
>
> O oficial então começou a escrever em um determinado papel e me disse, me olhando com raiva: "Você vai pegar 12 meses".
>
> Um policial nativo me pegou pelo braço e colocou minha impressão digital naquele pedaço de papel.
>
> Fomos levados de volta para as celas e mantidos sob custódia até o dia seguinte, quando eu e mais 23 fomos chamados e instruídos a subir em um caminhão. Subimos no caminhão e ele prosseguiu em direção ao oriente.

O de 15 anos

Havia um caso de um africano de 15 anos, Moses, que regressou de uma fazenda onde ele trabalhava colhendo batatas.

Ele ainda estava em idade escolar, mas lhe foi dito que ele tinha 15 anos e por isso deveria deixar a escola e dar entrada em um passe.

Ele recebeu um documento temporário que ele perdeu e, como resultado, foi preso e enviado para julgamento. De acordo com Moses, ele foi classificado como delinquente e enviado para o tribunal "S", o tribunal dos magistrados de Joanesburgo onde ele esperou todo o dia sem que ninguém aparecesse, então recebeu quatro cortes e foi mandado para casa.

Ele foi andando até Alexandra.

Depois de alguns dias, nos quais ele se recuperou dos cortes, Moses compareceu às autoridades periurbanas para tentar a sorte novamente em conseguir um "passe". (Aparentemente ele era muito jovem para um "livro de referência"[2])

O oficial periurbano o enviou de volta para casa para que sua irmã atestasse que ele havia nascido em Alexandra, mas antes que ele pudesse levar sua irmã até o escritório de passe, ele recebeu a visita, em sua casa, de um policial não europeu. Pela segunda vez em uma semana Moses se viu algemado e enviado para uma cela de prisão.

Na delegacia de polícia um sargento europeu lhe disse que ele era muito novo para trabalhar na fazenda e deveria ir ao tribunal "S" novamente. Pouco depois, um policial não europeu lhe disse

---

[2] Em 1952, foi aprovada uma lei que substituía os passes por *"reference books"* [livros de referência], um documento com informações detalhadas sobre emprego, referências dos empregadores, impressão digital entre outras coisas. Todo homem negro com mais de 16 anos era obrigado a carregar o "reference book" o tempo todo. (N. E.)

que aquilo que o sargento falava não tinha sentido, e que ele havia sido "vendido" para um fazendeiro.

Ele nunca compareceu no tribunal e protestou que não queria ir para a fazenda. Ele foi colocado em uma "gaiola" a céu aberto e, por fim, seu nome foi chamado. "Eu disse ao oficial branco (não um policial dessa vez) que eu não queria ir para a fazenda. Eu chorei. Mas ele disse que eu tinha que ir. Ele não me disse para qual fazenda ou para qual distrito eu iria, ou quanto eu receberia. Mais tarde, naquele dia, eu fui levado com outros sete sob a guarda dos *bossboys*".[3]

Fluxo contínuo de casos

Esses são alguns dentre o fluxo contínuo de casos que surgiram diante da Suprema Corte de Transvaal durante 1959 alegando que os homens presos por pequenos delitos estavam sendo enviados para o trabalho forçado nas fazendas – que mesmo homens com emprego fixo estavam sendo compulsoriamente enviados para as fazendas. O Departamento de Assuntos Nativos, com as forças da lei por trás dele, estavam colocando pressão em homens assustados para que eles colocassem suas impressões digitais em contratos da fazenda e – mais que tudo isso – que as condições de muitas dessas fazendas eram análogas à escravidão.

Histórias abomináveis e medonhas têm sido escritas em declarações juramentadas em um caso após o outro, alegando trabalho forçado e tratamentos brutais, mortes após ataques; castigos físicos diários nos campos; complexos cerrados e guardas armados; complexos penais infestados com piolhos e ratos.

---

[3] Capangas negros, semelhantes aos capitães do mato da escravidão no Brasil. (N. T.)

Contos de miséria

No caso de James Mkabela, George Dube descreveu as condições de uma fazenda:

> Depos de eu ter ido ao Escritório de Passe por aproximadamente uma semana, eu fui levado para Nigel em um camburão [...] nos disseram que tínhamos sido vendidos para um fazendeiro que estava aguardando do lado de fora. *O fazendeiro escolheu os maiores e mais fortes* [...] Depois, naquela mesma tarde chegamos na fazenda. Imediatamente depois da nossa chegada, fomos enviados para o trabalho e fomos levados para os campos e começamos a trabalhar.
>
> Naquela noite, todos os trabalhadores nos campos foram levados para uma construção de alvenaria com apenas uma entrada, consistindo em uma porta feita de barras de aço e todas as janelas também tinham barras de aço.
>
> Naquela primeira noite todas as minhas roupas, exceto minhas calças, foram levadas por um dos *bossboys*, que me deu um saco e disse para eu vesti-lo.
>
> Logo descobri que as condições de vida eram mais primitivas e piores que quaisquer outras que eu já tinha ouvido falar. *Só tínhamos autorização para beber água na nossa volta dos campos à noite e antes de começarmos o trabalho de manhã.* Apenas eventualmente tínhamos permissão para beber água durante o dia. Em todo o tempo que estive na fazenda não me deixaram me lavar ou tomar banho e eu nunca vi nenhum outro trabalhador se lavar ou tomar banho. Todas as noites havia uma corrida selvagem ao barril d'água e algumas vezes a água do barril acabava antes que alguns trabalhadores conseguissem pegar um pouco. Só tínhamos permissão para pegar água por 15 minutos.
>
> O local onde dormíamos estava em condições deploráveis. Havia duas metades de barril que serviam como lavatório e esses barris ficavam dentro do lugar onde dormíamos. Esse era o único local para fazer necessidades fisiológicas para aproximadamente 60 trabalhadores empregados nessa fazenda. Durante todo o período que estive lá, os lençóis velhos e os sacos que nos deram nunca foram lavados ou colocados para tomar um ar. Havia manchas de sangue, estavam infestados com insetos e fediam. *As paredes estavam repletas de percevejos e outros insetos e nunca foram limpas enquanto eu estive lá.*

O piso nunca era lavado durante a semana, mas nos domingos, quando não trabalhávamos, costumávamos varrer o chão e tirar os restos de comida e outros lixos e colocar em um saco que ficava conosco até conseguirmos jogá-lo fora.

Sob vigilância

Durante o dia, embora trabalhássemos nos campos, éramos continuamente vigiados pelos bossboys *que carregavam* knobkerries.[4] *Eram nove deles para vigiar 60 trabalhadores. Os* bossboys *frequentemente acossavam os trabalhadores, principalmente quando eles queriam que os trabalhadores fizessem o trabalho de maneira mais rápida. Em algumas ocasiões aparentemente não havia qualquer razão ou coisa parecida para os ataques, a não ser mostrar aos recém-chegados qual era o esquema. Em geral os* bossboys *intimidavam os trabalhadores recém-chegados para convencê-los a lhes entregar as roupas que traziam e outros bens de valor. Essas investidas eram feitas por eles, tanto com os* knobkerries *quanto com enxadas que eles tomavam dos trabalhadores. Essas enxadas geralmente eram utilizadas para machucar os pés dos trabalhadores recém-chegados, para fazer com que fosse mais difícil para eles a tentativa de fuga.*

Assim como os outros trabalhadores, eu sofri machucados na cabeça e em todas as partes do meu corpo, e ainda carrego as cicatrizes desses machucados.

(*Essas alegações foram negadas pelo fazendeiro e, conforme fomos para a imprensa, descobrimos que o caso será analisado pela corte em agosto, quando a causa será defendida*).

Um herbalista

A petição para a corte para a soltura do herbalista Fernando Modwelo afirmava:

---

[4] Espécie de taco de madeira utilizado em países do continente africano com uma bola rígida em uma das extremidades, utilizado para caça. (N. T.)

É um caso de quase conhecimento comum que as condições de muitas das fazendas em que o trabalho forçado acontece são praticamente análogas à escravidão; que os trabalhadores são vigiados durante os dias em muitos casos e presos durante a noite; que a comida é inadequada e os trabalhadores não têm moradia adequada. Não há, além disso, uma supervisão adequada das condições, o que faz com que os trabalhadores muito frequentemente sejam forçados a trabalhar até quase o esgotamento e em geral são deliberadamente mal alimentados para gastar os parcos xelins que recebem com comida nos armazéns das ditas fazendas, para apenas não morrerem. Em alguns casos, os trabalhadores são forçados a viver nas mais imundas e degradantes condições e não possuem meios ou esperança de se comunicar com o mundo exterior e estão complemente perdidos para sua família e amigos durante o período de confinamento.

Embora diga-se que o período do contrato é em geral de seis meses, na realidade os trabalhadores são pagos a cada 30 dias trabalhados e os fazendeiros não os autorizam a sair até que completem 180 dias trabalhados.

Sem a força da lei

Os requerimentos da corte aceitos para a libertação de uma série de homens demonstraram que esse esquema de trabalho rural não é apenas um esquema para trabalho forçado, ele tampouco possui força da lei.

A polícia, os oficiais do Departamento de Assuntos Bantu e os fazendeiros negaram ter conhecimento e responsabilidade pelo esquema, acusaram e contra-acusaram uns aos outros tentando se isentar de qualquer participação das irregularidades na operação.

O representante legal do comissário nativo de Wynberg disse à corte durante uma audiência:

> O esquema é evitar confusão nas prisões com pequenos delitos. O esquema é para o bem dos nativos. Foi deixado muito evidente para os homens que esse é um esquema voluntário. Os trabalhos lhe são apenas *oferecidos*.

Os fazendeiros convocados ao tribunal por manter trabalhadores africanos em suas fazendas protestavam:

"Me enviaram a mão de obra. Eu acreditei que havia contratação adequada".

A polícia disse:

"Nós levamos os homens para o comissário nativo. Se havia alguma irregularidade no contrato, o Escritório do comissário nativo é o culpado".

O advogado do comissário nativo disse durante uma audiência no tribunal de Pretória:

"Se há uma ilegalidade, ela não é nossa, mas sim da polícia".

O ministro interino da Administração e Desenvolvimento Bantu, sr. F. E. Mentz, coroou a todos quando, sob pressão da imprensa e do parlamento, disse:

"Nem um único nativo está trabalhando nas fazendas em vez de ser processado por pequenos delitos".

Será que a África do Sul já teve um gabinete ministerial tão ignorante de seu próprio departamento e de seus trabalhos?

Há muitas dúzias de afirmações diante do tribunal acusando precisamente essa ilegalidade do esquema e o Departamento de Assuntos Nativos (DAN) não tentou defender esses casos, mas pagou as custas legais deles.

E como esse livreto demonstra, o esquema do trabalho rural foi criado pelos oficiais do próprio departamento desse ministro interino. Isso é reiteradamente referido nos relatórios do Departamento de Assuntos Nativos de 1947 em diante: e foi operado pelos oficiais do Departamento.

A grande farsa

Para demonstrar como o ministro interino é mal-informado e ignorante, 11 dias após a negação cara de pau do ministro, seu superior, o ministro da Administração Bantu, sr. De Wet Nel, disse que o sistema de trabalho rural seria suspenso *temporariamente*, porque era "tecnicamente errado" colocar africanos presos pela polícia em celas antes que eles fossem levados a oficiais para serem colocados no trabalho.

> Se VOCÊ for preso por não carregar o passe:
> - insista em ser levado a um magistrado para um julgamento adequado;
> - não assine nenhum documento que você não entenda;
> - não coloque sua impressão digital em qualquer documento que você não entenda;
> - não aceite qualquer contrato que não tenha sido totalmente explicado a você;
> - insista pelos seus direitos diante da lei.

UM VARREDOR DE RUA FOI PRESO, COM A VASSOURA NA MÃO!

A história é de dois anos atrás, julho de 1957, quando Nelson Langa, um varredor de rua lotado na Câmara Municipal de Joanesburgo desapareceu em uma tarde. Suas roupas estavam no complexo municipal em Springfield. Seu irmão começou a procurá-lo e por fim a Delegacia Distrital do Trabalho lhe disse que ele estava trabalhando em uma fazenda em Bethal. Sim, disse o fazendeiro, quando abordado pelo advogado dos irmãos Langa, Nelson Langa estava em sua fazenda. Ele era um dos tantos trabalhadores que haviam sido obtidos no Departamento de Assuntos Nativos no dia do mês em que ele havia sido alocado em seu trabalho.

O juiz e Langa

Foi feito um requerimento para a corte para o caso de Nelson Langa e no dia indicado ele foi levado à corte pelo fazendeiro e interrogado pelo juiz.

Sr. Justice Rumpff:

– Você acaba de vir de uma fazenda do distrito de Bethal?
– Sim.
– Você pode me dizer quando você chegou nessa fazenda?
– Essa é a terceira semana desde que cheguei nessa fazenda.
– Essa semana.
– Essa semana.
– Como você chegou nessa fazenda? Como você foi levado para lá?
– Por um desses grandes carros militares
– Antes disso você vivia em Joanesburgo?
– Eu trabalhava em Joanesburgo antes disso.
– O que você fazia lá?
– Eu estava varrendo.
– Varrendo onde?
– Na rua.
– Você trabalhava para a prefeitura?
– Sim.
– O que aconteceu com você?
– Por volta das três da tarde, quando eu estava prestes a sair do trabalho, alguns membros da polícia que estavam vestidos como civis me abordaram e disseram: "o Passe".
– Onde você estava quando eles te abordaram?
– Eu estava na rua a caminho do complexo onde eu moro depois que saio do trabalho.
– Eles te pediram o passe?

– Sim, eu disse a eles: "Não estou com o passe aqui comigo. Nós não andamos com o passe quando estamos trabalhando". Eles disseram: "Vamos prendê-lo". Eu disse: "Aqui está meu distintivo com o número do meu trabalho e aqui a vassoura que eu uso em meu trabalho". Eles disseram: "Não temos nada a ver com isso. Entre no caminhão". Eu entrei no caminhão [...]

– O que aconteceu com você?

– O caminhão seguiu com muitos de nós pelas ruas, prendendo pessoas da mesma maneira que fui preso e posto no caminhão, e aquela noite dormimos no Regents Park. Na manhã seguinte fomos levados para Joanesburgo. Eu havia deixado a vassoura que eu usava em Regents Park. Fomos levados ao antigo Escritório de Passe em Joanesburgo. Lá cada um de nós foi chamado pelo nome, e depois de sermos chamados nos diziam que iríamos receber trabalho. Eu então falei: "Eu não quero trabalho, porque já estou empregado". Eles disseram: "Não temos nada a ver com isso. Você receberá trabalho".

– Quem disse?

– Havia um atendente que anotava nossos nomes, foi ele que disse. Nossos nomes eram anotados, nos diziam que receberíamos trabalho e na quinta-feira nos colocaram em um veículo e nos levaram para Bethal.

O juiz:

– Diga a Nelson que ele está livre. Ele pode ir para casa.

Posteriormente veio à tona que Langa mostrou ao policial que o prendeu o caderno em que tinha o número de telefone do seu empregador, e implorou à polícia que telefonasse ao seu empregador. O policial lhe disse: "voetsak".[5]

---

[5] Expressão ofensiva na linguagem da África do Sul que quer dizer algo como "não enche", "some daqui". (N. T.)

Quando levado para a corte, Langa ainda estava usando o seu cinto com o distintivo da prefeitura de Joanesburgo com o número CED 10729, estampado "Cidade de Joanesburgo" no brasão.

O registro da delegacia de polícia de Regents Park demonstra que Langa havia sido preso sob a lei de Áreas Urbanas por não ter apresentado um passe. A multa máxima é 1 libra esterlina.

Um "voluntário"

O comissário nativo insistia que Langa havia sido um voluntário. O cartão de registro preenchido por Langa na Delegacia do Trabalho mostrava sob o item: "Endereço atual: Complexo municipal, Springfield", e o julgamento da corte disse:

> Estou convencido de que algum oficial devia saber que ele era empregado da prefeitura, e o que me convence é que praticamente no final do cartão, preenchido com seu endereço, aparece "Complexo municipal, Springfield", e no campo "antigo trabalho", "funcionário municipal". Langa nunca deveria ter sido levado [...]

Foi durante essa ação penal que a circular oficial do Esquema para o Emprego de Infratores em Pequenos Delitos em Áreas Não Prescritas veio à luz.

O PLANO PARA O TRABALHO FORÇADO

A diretiva oficial intitulada: "Esquema para o Emprego de Infratores em Pequenos Delitos Em Áreas Não Prescritas" entrou em vigência em 14 de junho de 1954, pelo Departamento de Assuntos Nativos, o secretário de Justiça e o comissário de polícia. Era a Circular Geral n. 23 e foi enviada para todos os comissários nativos e magistrados.

Sua linguagem era clara e inequívoca:

É de conhecimento comum que um grande número de nativos estão sendo diariamente presos e processados por contravenções de natureza estritamente técnica. Essas prisões custam grandes somas de dinheiro ao Estado e não tem qualquer propósito útil. O Departamento de Justiça, ao lado da polícia sul-africana e este Departamento (Assuntos Nativos), portanto, realizou uma consulta sobre o problema e desenvolveu um esquema, com o objetivo de induzir os nativos desempregados atualmente vagando pelas ruas nas várias áreas urbanas a aceitar emprego fora de tais áreas urbanas.

A circular estabelece:

> Quando a contravenção de duas das seções da Lei de Impostos Nativos, 1925, duas seções da Lei de Nativos (Áreas Urbanas), 1945, e algumas regulações sob essa Lei e a Regulação da Delegacia do Trabalho são consideradas – os nativos presos entre as 14 horas do domingo e as 14 horas de sexta-feira não serão acusados imediatamente após a prisão, mas apenas detidos pela polícia.
>
> Os nativos detidos serão removidos sob escolta para a Delegacia do Trabalho distrital e entregues ao oficial do emprego. Devem ser oferecidos aos nativos tal emprego conforme disponibilidade em áreas não prescritas (rurais). A prioridade deve ser dada ao trabalho rural [...]
>
> Nativos que, por se recusarem a aceitar tal emprego, não sejam soltos, devem retornar à polícia para serem processados [...].

A circular inclui um parágrafo instruindo o oficial do emprego no caso de alguém se recusar a aceitar o trabalho, para adicionar quaisquer sugestões ou informações que poderiam ajudar a polícia em formular uma acusação contra aquele homem.

Esse esquema de trabalho rural não tem qualquer força da lei. Não é nem um estatuto nem uma lei comum. É uma circular que sequer foi publicada por qualquer Departamento de governo.

Violação do dever

É uma violação do dever de qualquer policial não levar um homem ao tribunal dentro de 48 horas após sua prisão. É ilegal prender um homem por uma suposta transgressão da lei e lhe dizer que ele deve ir para a cadeia ou para uma fazenda. Um homem que coloca sua impressão digital em um contrato para servir em uma fazenda com uma ameaça de prisão sob sua cabeça não está assinando um contrato válido. Ele não é um "voluntário"!

Os contratos não são lidos ou devidamente explicados aos homens. Encostar em um lápis na mão de um oficial, colocar a impressão digital em uma folha de contrato são considerados como assinaturas.

Dizem aos homens que eles estão assinando contratos por seis meses, mas na prática ficam presos ao fazendeiro por 180 dias de trabalho – sete ou oito meses, dependendo do número de dias de trabalho ou doença do trabalhador.

Os africanos postos sob esse esquema estão encarcerados desde o momento da prisão. Eles não têm qualquer chance para contatar seus familiares ou empregadores, ir buscar suas roupas ou colocar seus assuntos em ordem.

Abusos

O esquema é um grande abuso. Os homens presos na rede das Leis de Passe são convencidos a acreditar que eles não têm opção a não ser se inscreverem para o trabalho nas fazendas por seis meses. Outros são levados a acreditar que se servirem durante um período em uma fazenda, eles terão seus passes "arrumados" ao final do período do contrato e terão a permissão para permanecer nas cidades depois disso.

Depois que assina, o "voluntário" permanece em custódia. Em muitos casos esposas ou parentes que vão pagar as multas para eles recebem a notícia de que já é tarde demais.

O trabalhador agora é propriedade do fazendeiro e, em questão de horas, no dia seguinte ou dentro de um ou dois dias o caminhão do fazendeiro estará diante da porta da Delegacia de Passe ou do Trabalho pronto para carregar o grupo de trabalhadores.

A polícia, os oficiais do passe, a delegacia do trabalho rural e os fazendeiros se tornaram parceiros nesse grande negócio de recrutamento de trabalho.

Todos os dias centenas de africanos são presos por não apresentarem o passe. Somente em 1957, 250 mil africanos foram levados à corte por esses pequenos crimes. O número de presos aumenta a cada ano e do mesmo modo aumenta o número de homens enviados para as fazendas sob esse esquema de trabalho rural. Todo homem africano nas cidades pode esperar ser levado à polícia pelo menos uma vez por ano, e é entre as fileiras desses homens que infringiram a lei de passe e as regulações de controle que os fazendeiros tomam sua mão de obra.

Os fazendeiros passaram a ter um interesse adquirido nas Leis de Passe. Quanto mais prisões por pequenos delitos, mais mão de obra para eles.

Os fazendeiros não têm que pagar um centavo como taxa de recrutamento por esse trabalho. Essa é uma das razões pelas quais os fazendeiros preferem conseguir força de trabalho das autoridades: eles têm de pagar uma taxa para cada trabalhador contratado por meio de uma organização de recrutamento privado, mas a partir da delegacia do trabalho rural eles conseguem trabalho somente pedindo. Uma recomendação do magistrado local é que ele deve ser colocado em uma lista nos escritórios da delegacia do trabalho rural, fazer uma ligação semanal ou mensal do oficial para o fazendeiro para este ir buscar sua mão de obra, e o fazendeiro tem a garantia de um estoque regular de trabalhadores. Estima-se que metade dos fazendeiros do triângulo do milho no Transvaal oriental empreguem trabalho forçado de 5 a 30 africanos presos por delitos técnicos.

FAZENDEIROS COMO CARCEREIROS!

A partir do momento em que o fazendeiro vai ao Escritório de Passe da Delegacia do Trabalho rural para pegar seu grupo de trabalhadores, ele assume o lugar de um policial e se torna um carcereiro.

Justamente pelo fato desses trabalhadores não serem voluntários, mas conscritos compulsórios e infelizes das Leis de Passe que os fazendeiros têm de inventar maneiras de manter seus trabalhadores como prisioneiros.

Tornou-se prática comum para muitos fazendeiros, seus encarregados nas fazendas ou "indunas"[6] recolher e guardar os "livros de referência" dos trabalhadores para impedir que eles fugissem, *apesar de isso ser ilegal*. (Por lei, o "livro de referência" deve permanecer em posse do seu dono).

O uniforme de saco

Em algumas fazendas, assim que o trabalhador chega, ele recebe a ordem de tirar a roupa e entregá-la com os seus pertences, e ele recebe o "uniforme" da fazenda: um saco áspero com buracos para a cabeça e os braços.

Mas esses são apenas os primeiros passos para prender o trabalhador na fazenda.

As fazendas no Transvaal oriental que pegam mais pesado com sua mão de obra no Departamento de Assuntos Nativos e na polícia do esquema do trabalho rural são reconhecidas por seus métodos utilizados ao longo dos anos para impedir a fuga dos trabalhadores.

---

[6] Originalmente, termo zulu para conselheiros, comandantes, porta-vozes ou ministros. (N.T.)

Essas são as fazendas dos complexos cercados e de guardas armados, dos indunas *brutalizados ou* bossboys *que usam métodos de terror para quebrar o espírito – e bastante frequentemente os membros também – dos trabalhadores contratados.*

Lista de proscritos

Essas não são acusações no escuro feitas apenas para difamar o nome dos fazendeiros nessa parte do país, e esses abusos e crueldades não datam de um mês ou dois, esse ano ou 1958 apenas.

Os registros do tribunal mostram que os ataques aos trabalhadores e o sistema de prendê-los para mantê-los nas fazendas vem acontecendo desde 1920.

Frequentemente há a denúncia das condições chocantes desse sistema de complexo de fazendas, há um clamor público e então o mal é escondido do público ou esquecido – até a próxima denúncia pública.

O caso Nafte

Os maus tratos dados aos africanos no Bethal ganhou grande notoriedade quando o caso Rex *vs* Nafte foi ouvido pelo Tribunal Itinerante em Bethal em 1929. Nesse caso, um fazendeiro foi condenado a um período de prisão pelo assassinado de um trabalhador que era seu empregado.

Em 1944, o sínodo diocesano da Igreja anglicana enviou um longo memorando ao Departamento de Assuntos Nativos:

> Os trabalhadores contratados são distribuídos entre os fazendeiros em lotes de 10 ou 20 de acordo com o tamanho das fazendas. Eles são alojados em qualquer construção disponível e a área é cercada e vigiada por *indunas*. Lá eles permanecem e a não ser quando vão ao trabalho eles sempre estão acompanhados de *indunas*. Os trabalhadores contratados se locomovem apenas de acordo com a vontade do empregador, tanto em

dias de semana como aos domingos. Eles não conseguem chegar a um magistrado a não ser que fujam.

No mesmo ano, sr. Justice Maritz julgou um caso (Rex *vs* Isaac Sotetshi) em que o trabalhador Franz Marie foi chicoteado até a morte por tentar escapar. O sistema de complexos era algo relativamente novo para ele na economia da agricultura Sul Africana, disse o juiz. Quem devia ser culpado pelo assassinato não era tanto o *induna* acusado, mas sim o sistema que submetia ele e os outros a tais condições.

"Análogo à escravidão"

Três anos depois, *De Echo*, um jornal de Bethal, relatou um caso em que um encarregado da fazenda, Johannes Brenkman, foi julgado por soltar cachorros em cima dos desertores e por bater neles com *sjamboks*.[7] Depois dos ataques, as provas revelaram que os trabalhadores eram acorrentados juntos, com correntes para animais, e levados ao complexo, onde dormiam nus e acorrentados. *As condições apresentadas nesse caso*, disse o magistrado, *"são equivalentes à escravidão*. Em uma fazenda de 400 *morgen*,[8] 251 trabalhadores eram empregados e levados ao trabalho sob os golpes de *sjamboks*. É análogo à escravidão [...]".

Foi em 1947 que as condições das fazendas de Bethal se tornaram um escândalo nacional e o então ministro da Justiça, sr. H. Lawrence, disse em um discurso em Durban: "É imediatamente imperativo uma investigação completa do chamado sistema de complexos em algumas fazendas, pois aquele aspecto da questão parece ser a raiz de todas as reclamações".

---

[7] Tipo de chicote pesado geralmente feito com a cauda do rinoceronte. (N. T.)
[8] Medida de área sul-africana, um *morgen* corresponde a 0,8 hectare. (N. T.)

Longe de estar ordenando uma investigação completa, foi designada uma comissão departamental para identificar os piores abusos e para encobrir o sistema geral de trabalho nas fazendas no distrito. Quando o ministro da Justiça foi a Bethal para discursar em uma reunião lotada de fazendeiros em Town Hall, ele havia mudado o seu tom. A investigação policial havia inocentado completamente a grande maioria dos fazendeiros, ele disse.

Porém, nessa mesma reunião um fazendeiro sincero deu com a língua nos dentes. As deserções dos trabalhadores chegavam a 25, até 50, para cada 100 trabalhadores, ele disse, e as coisas estavam tão ruins que os fazendeiros nem mais se incomodavam de relatar os desertores à polícia. "No fim das contas, se um fazendeiro tiver a sorte de capturar "nativos" que desertaram e que lhe haviam custado muito dinheiro, era uma provocação para serem estapeados" (Aplausos dos fazendeiros reunidos).

O sistema de complexos ainda continua nesse distrito, assim como as deserções. Os fazendeiros vão muito longe para pegar trabalhadores e tentar acorrentá-los às suas fazendas, mas eles ainda sofrem com a falta de trabalhadores.

DEPARTAMENTO DE ASSUNTOS NATIVOS E FAZENDEIROS FAZEM PLANOS CONJUNTAMENTE!

Essa severa falta de trabalhadores rurais causou uma "ansiedade constante" no Departamento de Assuntos Nativos, nas palavras dos relatórios oficiais anuais do departamento.

Pressão dos fazendeiros

Durante a guerra em 1942 e 1943, as organizações de fazendeiros pressionaram o Departamento para aprovar uma regulação de emergência que obrigava os africanos sem terra que haviam perdido seus lotes a trabalhar nas fazendas com falta de trabalhadores. Os fazendeiros também exigiram que o governo avançasse em remover "desempregados" africanos das cidades. O DAN resistiu. "Como muito solidário aos fazendeiros em suas dificuldades e em grande ansiedade para ajudar na produção de comida" o Departamento considerou que uma medida de forçar sem-terras a trabalhos assalariados se configuraria como trabalho compulsório [...] e, apesar de ser tempo de guerra, nenhuma outra seção da comunidade estava sendo conscrita. E com relação aos trabalhadores excedentes nas cidades, disse o departamento, "aparentemente não há qualquer tipo de excedente que seria adequado para o emprego nas fazendas". (O contraste entre a atitude do DAN de 17 anos atrás demonstra como mesmo esse departamento – que nunca foi amigo do povo africano – mudou para pior sob os nacionalistas.

Ainda assim, o corpo dos fazendeiros entrou com representações por mais trabalhadores, então o DAN realizou abordagens junto ao governo português da África Oriental requisitando os africanos de Moçambique que haviam sido rejeitados para o trabalho nas minas para o trabalho rural, mas esse esquema também não teve acordo – mesmo pelo governo, que realiza um acordo anual com relação ao trabalho humano com a União.

Então o DAN montou conselhos consultivos de trabalho nativo em vários distritos por toda a União que consistiam em: um magistrado local como presidente, com oficiais do DAN e fazendeiros como membros. Esses conselhos deveriam discutir passos para a melhoria das condições de trabalho dos trabalhadores rurais.

A circular Smit

Foi nessa época que o DAN soltou a Circular Smit sobre trabalho rural:

A questão que deve ser enfrentada diretamente por todos é que com relação ao trabalho nas cidades e indústria, o trabalho rural em geral não é popular. Como indicado pelo comitê de trabalho rural, medidas restritivas posteriores (das quais já há um número considerável) somente tornarão o trabalho rural mais malvisto. Como um poeta apropriadamente colocou: 'Pode-se levar o cavalo para a água, mas 20 não vão conseguir fazê-lo beber'. Enquanto o trabalho rural é malvisto, há amplas evidências de que em muitas fazendas as condições são satisfatórias e que nessas, o trabalho é normalmente suficiente e razoavelmente eficiente. Quando circunstâncias fora do normal surgem, as fazendas em que as condições são satisfatórias sofrem por causa do trabalho rural em geral ser malvisto, particularmente quando áreas distantes são as fontes de oferta.

Antes de tudo, o essencial é, portanto, criar em todas as fazendas certas condições mínimas para que nenhum empregador possa afetar a reputação de qualquer distrito, ou o trabalho rural como um todo, assim, quando os nativos forem recrutados para o trabalho rural, ele terá alguma segurança com relação ao tratamento que ele deve esperar.

Na circular Smit, o DAN relata "As respostas dos fazendeiros não ajudaram". Embora 80 comitês de trabalho rural tenham sido montados, o Departamento registrava: "Eles avançaram bem pouco e em muitos casos pararam de funcionar".

Então o Departamento e os fazendeiros (um comitê especial do Sindicato Agrícola trabalhou com oficiais do governo) elaboraram um esquema para o governo assumir o controle de todos os africanos que não são da união e distribuí-los entre os fazendeiros.

Desde 1º de março de 1947, todos os imigrantes ilegais deveriam ser enviados para as fazendas. A polícia iniciou intensa busca por africanos da Rodésia e de Nyasa, aprisionava-os em locais específicos e lhes dava a "opção" de assinar um contrato de trabalho rural por pelo menos 180 dias ou ser colocado para fora da fronteira e enviado para casa.

O esquema era um fracasso custoso

Em 1947, 6.032 africanos que não eram da União foram presos, mas apenas 502 (8 em cada 100) concordaram em trabalhar nas fazendas. No ano seguinte, 1948, 3.474 homens foram presos, 1.254 enviados para trabalhar em minas de carvão e manganês, 1.566 enviados de volta para seus países e somente 95 (3 em cada 100 presos) aceitaram o trabalho rural. *O esquema tinha um custo de 20 mil libras esterlinas para o país, mas os africanos que não eram da União conheciam muito bem as condições do trabalho rural para cair nesse esquema.*

COMEÇA O CARTEL DO TRABALHO RURAL

Foi o comissário nativo de Joanesburgo que descobriu o esquema de trabalho rural, o precursor direto do atual esquema operado pelo Departamento de Assuntos Nativos e as prisões.

Em setembro de 1947, a corte dos comissários nativos em Fordsburg, Joanesburgo, introduziu um esquema no qual diziam aos homens presos por transgredir a Lei das áreas urbanas (as Leis de Passe) que eles não seriam processados se aceitassem trabalhar nas fazendas.

No primeiro ano de sua operação, esse esquema forneceu 3.086 homens para os fazendeiros; no segundo, a cifra subiu para 3.636.

Aqui estava, por fim, um esquema que servia tanto para o governo quanto para os fazendeiros.

Cuidados renovados

Com o governo nacionalista no poder, de 1948 em diante o DAN começou a trabalhar com novo cuidado e vigor para forçar um fornecimento contínuo de trabalho para as fazendas.

Os relatórios do DAN estão repletos de frases como "o controle efetivo do sistema de canalização do trabalho". Delegacias do trabalho foram montadas por toda a União, e é compulsório para todo africano que procura por trabalho comparecer a uma delegacia. "Essa é a principal função das delegacias regionais e distritais do trabalho controladas pelo DAN para encontrar os requisitos trabalhistas dos empregadores rurais, especialmente dos fazendeiros" admite o governo.

Equipes de busca

Em 1952, 21.823 africanos da cidade foram enviados para as fazendas.

Em 1953 esse número chegou a 32.582. Naquele ano o DAN também organizou equipes de busca para conseguir 20 mil africanos com contratos durante a temporada de colheita.

O DAN não fez questão de esconder esse esquema. Seu livro de registros para 1954 explica seus objetivos bem nitidamente. *Africanos que transgredirem as regulações da delegacia do trabalho e entrarem em uma área urbana para procurar emprego sem a permissão necessária não serão processados, mas lhe será oferecido trabalho em uma área não prescrita (área rural).*

Ainda assim, o ministro interino desse Departamento, sr. Mentz, pôde dizer ao Parlamento que ele não sabia nada sobre esse esquema!

É porque o DAN, trabalhando mão e luva com os interesses dos fazendeiros, é a má influência por trás do esquema de trabalho rural que os dois inquéritos requisitados pelo ministro desde as denúncias de abril, maio e junho de 1959 do escândalo rural serão piores do que se fossem inúteis ao fazer do errado o certo. (Os oficiais que trabalham nos comitês departamentais são os responsáveis pela operação do esquema. Eles estão sendo solicitados a investigar seus próprios desvios da lei, seus próprios usos escusos de seus poderes.

A segunda comissão é composta de um membro nacionalista do Parlamento, que é um membro da Comissão de Assuntos Nativos, o comissário chefe bantu de Kingwilliamstown e o diretor de agricultura bantu. Os membros do Sindicato Agrícola Sul-Africano também serão implicados nesse inquérito.

Somente os interesses do governo e dos fazendeiros estão representados nessas comissões. Eles tentarão esconder os escândalos e não acabar com suas causas. Eles tentarão ajustar a operação do sistema para fornecimento de trabalho rural para isolar o sistema de um escrutínio e exame público, para limpar o nome do governo e ainda elaborar maneiras de dar aos fazendeiros ainda mais trabalho forçado.

TRABALHO DE DETENTOS TAMBÉM

O diretor das prisões fez um discurso em Riversdale, na cidade do Cabo, em fevereiro desse ano quando disse:

> A falta de trabalhadores é o maior problema dos fazendeiros. *O departamento de prisões se tornou o ponto central para os fazendeiros, de Limpopo ao Cabo.* Todos querem trabalho de nós, mas não podemos fornecê-lo totalmente; estamos fazendo tudo o que está em nosso alcance para resolver essa emergência.

"Emergência nacional"

Esse governo classifica o fornecimento de trabalho forçado para as fazendas como uma *emergência nacional* e faz todo o esforço para resolver essa emergência.

O esquema sob o qual os prisioneiros africanos de penas curtas foram contratados como trabalhadores para os fazendeiros começou em 1932. Naqueles dias era conhecido como "o esquema de 6 pence por dia". Os prisioneiros enviados para prisão com pena menor que três meses eram entregues para os fazendeiros para cumprir suas sentenças nas fazendas e o fazendeiro pagava para a cadeia 6 pence por dia trabalhado por prisioneiro.

O esquema era compulsório, não se perguntava ao prisioneiro se ele queira cumprir sua sentença em uma fazenda e ele perdia o privilégio do indulto que reduziria sua sentença em um quarto se ele permanecesse na cadeia.

Urgência da abolição

Em 1947, a Comissão de Landsdowne criticou duramente o esquema e recomendou seu fim imediato. Provas demonstraram, eles relataram, que os prisioneiros desertavam e ao retornarem à prisão relatavam más condições de emprego e tratamento. Quando uma multa de um prisioneiro era paga na cadeia, havia, em geral, um atraso no contato entre o fazendeiro e o prisioneiro solto. Isso significava que os prisioneiros estavam detidos ilegalmente após as multas terem sido pagas na prisão.

O esquema foi abolido em 1947, mas, diz o relatório do Diretor das prisões de 1952, *"em pouco tempo numerosas representações de corpos influentes eram feitas para o então ministro da Justiça para a reintrodução do esquema".*

"Corpos influentes!" Corpos de fazendeiros, sem dúvida, assim quase de imediato o esquema voltou a funcionar a pleno vapor novamente.

Para manter a reputação o Departamento de Prisões realizou algumas mudanças:

- deve-se consultar o prisioneiro sobre seu consentimento em ir trabalhar em uma fazenda;
- o esquema de 6 pence por dia se tornou um esquema de 9 pence por dia, sendo que a quantia era paga ao trabalhador quando fosse solto;

- os prisioneiros enviados para as fazendas tinham o direito do benefício de seus indultos.

Há evidências de que muitas vezes não se perguntava ao prisioneiro se ele concordava em trabalhar em uma fazenda; ele simplesmente se via em uma equipe de trabalho enviada da prisão para áreas rurais bem distantes, sem nunca saber que ele poderia ter uma alternativa para seu caso.

O departamento de prisões anualmente se autoelogia e chama esse esquema de um grande sucesso. Sem dúvida é um grande sucesso – para os fazendeiros. Em 1951, as pessoas sentenciadas a penas de encarceramento de até quatro meses estavam incluídas nesse esquema. Em 1952, por volta de 40.553 prisioneiros voltaram a trabalhar nas fazendas, enquanto esse número, em anos anteriores, havia sido de 25 a 30 mil na região. Nos anos de 1953 e 1954, o número subiu a 100 mil. *Durante 1957-1958, 199.312 homens africanos foram enviados das cadeias para trabalhar nas fazendas. Todas as 165 cadeias da União operavam este mesmo esquema.*

O departamento de prisões afirma ter uma lista com os maus fazendeiros, mas aparentemente há somente um fazendeiro nessa lista!

Além disso, esse esquema para prisioneiros com penas curtas, os prisioneiros com penas longas também acabavam como trabalhadores nas fazendas. Dezesseis postos avançados de prisão rural na União construídos pelos sindicatos dos fazendeiros e depois entregues ao Departamento de Prisões fornecem mão de obra regular enviada para semear, plantar e colher nos campos dos fazendeiros sob vigilância.

UM NOVO ACORDO PARA OS TRABALHADORES RURAIS!

Em algumas partes da África do Sul, os fazendeiros estão retornando aos caminhos da escravidão. Na terra, o fazendeiro é o senhor, o supervisor, o policial, o juiz. O trabalhador não é fisicamente propriedade de alguém como eram os escravizados de antigamente, mas o precário salário pago pelos seus serviços pesados o distingue pouco com relação a um escravizado, e ele não é mais livre que um escravizado para deixar a fazenda e procurar trabalho em outro lugar.

Sem sombra de dúvida há fazendeiros que não usam o trabalho forçado e práticas próximas dos métodos da escravidão, mas ao longo dos anos Bethal e Trichardt, Leslie e Heidelberg, Nigel e Kinross ganharam uma reputação temerosa pelas condições nas fazendas desses distritos.

É o uso das Leis de Passe para obrigar os homens a trabalho forçado que dá ao sistema seu caráter.

Condenação da OIT

A Organização Internacional do Trabalho nomeou isso de trabalho forçado. Seu relatório de 1953 diz:

> O Estado, por meio da operação dessa legislação, está em uma posição de exercer pressão sobre a população nativa que poderia criar condições de compulsão indireta similar em seus efeitos para um sistema de trabalho forçado para fins econômicos.
>
> O efeito da legislação é de canalizar boa parte dos habitantes originários em trabalhos agrícolas e manuais, criando assim uma força de trabalho barata, abundante e permanente.

Por 300 anos os fazendeiros sul-africanos têm tentado aumentar o fornecimento de trabalhadores com uma série de medidas restritivas. Mais e maiores restrições, este é o clamor dos fazendeiros.

O Comitê de trabalho rural do governo, que funcionou entre 1937 e 1939, foi convencido de que se os africanos fossem mais coagidos a aceitar o trabalho nas fazendas, este seria ainda mais malvisto do que já era.

Trabalho precário

O trabalhador rural tem um trabalho precário, mesmo aqueles que não foram condenados à vida de um contrato de trabalhador em um complexo do Transvaal oriental.

Suas horas de trabalho são desde o nascer até o pôr do sol; ele e sua família são mal alimentados e mal-vestidos. Se ele é um arrendatário ou um sem-terra, seus filhos começam a trabalhar pastorando gado aos oito anos; sua esposa, seus filhos e filhas são todos sujeitos a trabalhar para o fazendeiro. Os contratos são verbais e em caso de contestação o trabalhador africano invariavelmente sai perdendo. O arrendatário pode trabalhar em uma pequena porção de terra em troca de 90, 120 ou 180 dias de trabalho para o fazendeiro, mas ele não tem qualquer segurança de estabilidade e qualquer dia ele pode receber seu *trek pass*[9] e ter de se mudar.

Muitos trabalhadores na agricultura não recebem qualquer salário em dinheiro, apenas ração, pasto e direito de usar o arado de acordo com a vontade do fazendeiro. A renda em dinheiro de uma família africana em uma fazenda branca tem sido estimada, com variações, entre 30 libras esterlinas (4 pence por pessoa por dia) e 51 libras esterlinas por ano. Os trabalhadores em alguns distritos ganham 20 e 25 xelins por mês; os trabalhadores pagos por diária ganham 1 ou 2 xelins, 6 pence por dia. A ração é pouca e o alojamento horroroso. Os trabalhadores rurais estão afundados na pobreza e na ignorância.

As Leis de Passe, regulações de servo e senhor e o controle de fluxo impedem o trabalhador rural de sair de um distrito para outro em busca de um trabalho melhor e melhores pagamentos.

---

[9] Documento como uma carta de demissão dado aos empregados na área rural da África do sul que lhe possibilitava procurar outro emprego. (N. T.)

O trabalhador rural hoje provavelmente não está em situações melhores que a de seu pai, antes dele, ou de seu avô ainda antes.

A ambição de todo filho de todo trabalhador rural é de o mandar embora da miséria; ficar em uma situação melhor que a de seu pai; sair da pobreza da fazenda para ter uma chance melhor.

Na África do Sul, como em qualquer outro lugar, há somente um jeito de atrair um fluxo de trabalhadores desejosos de irem para as fazendas: pagar aos trabalhadores rurais um salário digno, fornecer condições apropriadas para seres humanos e incentivos para os homens realizarem o trabalho rural.

Qualquer outro método de suprir a falta de trabalho rural está fadado ao fracasso.

As brutalidades do trabalho forçado atual degradam aqueles que usam tais métodos e criam um estoque de ódio, ressentimento e amargura que inevitavelmente ameaça a segurança e a felicidade de todos aqueles que vivem no campo.

As políticas nacionalistas do *apartheid* e a repressão ao povo africano estão mergulhando esse país em um desastre. O Partido Nacionalista é a ala política do grupo dos fazendeiros e daqueles empregadores de mão de obra que, em outras esferas, demandam toda a maquinaria do Estado a ser utilizada para transformar todos os africanos em trabalhadores baratos e desqualificados, sem lhes dar qualquer escolha além de trabalhar onde o governo os mandar, com o salário que os fazendeiros decidirem.

Hipocrisia

Não pode haver hipocrisia mais desonesta e descarada que a justificativa que o governo nacionalista apresenta para seu controle de mão de obra e para o esquema de trabalho rural.

"Em toda comunidade uma pequena porcentagem do povo não quer ganhar a sobrevivência por meio de trabalho honesto" diz o relatório do DAN e "O problema central da administração nativa é controlar o excedente nas cidades".

Os Nacionalistas falam como se a ida para a cidade fosse algo específico da África do Sul ou um hábito somente dos africanos.

O crescimento da indústria precisa de um fluxo de trabalhadores para as cidades e essa migração da população das áreas rurais para as urbanas aconteceu em todos os países do mundo que se industrializaram.

Uma lei depois da outra foi aprovada pela União para tirar o africano de sua terra, para empobrecê-lo e obrigá-lo a se oferecer como trabalhador em minas de ouro ou de carvão, ferro, fundições de aço, fábricas ou moinhos.

Sem terra

A Lei da Terra de 1913 roubou dele toda a terra, deixando-lhe apenas 13%; o imposto individual o forçava a deixar sua vila para ir às minas ou cidades para ganhar dinheiro para poder pagar o coletor de impostos; as Leis de Terra e Confiança expulsou os sem terra e os arrendatários das fazendas sem lhes dar qualquer outra casa ou terra. Ao longo dos anos centenas de milhares de famílias passaram a vagar sem terra, casa ou trabalho na área rural. De donos dos seus próprios campos e pastos, eles se tornaram mercenários e servos sem posse para novos donos.

As leis dos cercamentos na Inglaterra na época da revolução industrial expropriou, pela força, os camponeses de então de suas terras e tornou a vadiagem um crime cuja punição era chicoteamento em público, queimaduras, prisão ou deportação para uma colônia penal ultramar.

Os Nacionalistas estão tentando levar a África para 250 anos atrás.

O escândalo do trabalho rural não é um mal isolado. Ele traz junto algumas das piores características do apartheid, trabalho barato do Estado e lhes dá forma nova e mais hedionda.

Haverá pobreza no campo enquanto o sistema de reserva ser abandonado e os africanos terem o direito de ter terra e cultivá-la livremente. Os homens tentarão encontrar trabalho nas cidades enquanto estiverem passando fome nas favelas rurais. Os homens terão de ser sequestrados e levados compulsoriamente para trabalhar nas fazendas enquanto os trabalhadores rurais não tiverem aumento em seu salário, melhores condições e direitos.

Um novo acordo para os trabalhadores rurais deve garantir para eles o direito de se organizar por melhores condições, por uma legislação salarial; por padrões mínimos de moradia, serviços de saúde, escolas para seus filhos e serviços sociais.

Uma nova vida para os trabalhadores rurais está vinculada a uma necessidade de mudança na economia rural sul-africana. Isso envolve a redistribuição da terra e um uso efetivo da terra do país e dos seus recursos de trabalho.

Nenhum outro país com um grau comparável de industrialização existe com uma força de trabalho semiescrava nas áreas rurais, como Estado agindo como uma força de recrutamento para maus fazendeiros que não conseguem atrair trabalho por meios normais.

A força de trabalho rural sul-africana é ineficiente porque um trabalhador rural, como qualquer outro, precisa de estabilidade em seu emprego e incentivo para trabalhar.

A África do Sul precisa de homens trabalhadores livres, não parcialmente escravos. A África do Sul não terá trabalhadores rurais com amor e conhecimento sobre seu trabalho bem como com disposição para trabalhar até o trabalhadora rural ter garantindo um salário mínimo, alimentação adequada, moradia, educação, *lazer e segurança – acima de tudo liberdade para aproveitar a totalidade da vida.*

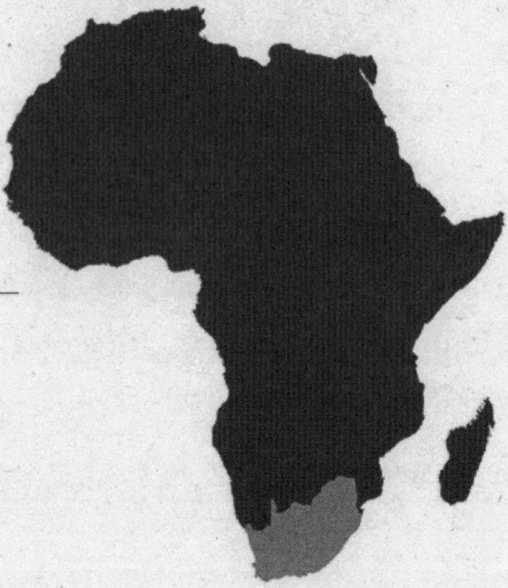

A África do Sul hoje[1]

"Se você tivesse que enfrentar nossos problemas, agiria como nós." Este é o teor dos argumentos utilizados pelos sul-africanos brancos, sob ataque pelas políticas implementadas em seu país para se defender. A convicção de que seu país se tornara o bode expiatório do mundo deu aos sul-africanos um ar de ofendidos. As declarações dos direitos do homem, da igualdade de oportunidades, o preâmbulo da Carta das Nações Unidas, a Declaração Universal dos Direitos Humanos e as sucessivas convenções da Organização Internacional do Trabalho são importantes. Elas podem até ser aplicáveis a outros países, mas não à África do Sul. No extremo sul do continente africano, diz o argumento, existe uma sociedade complexa e multirracial na qual a civilização ocidental está em jogo.

A África do Sul se considera o farol da eterna manutenção da supremacia branca no continente. Governos surgiram e desapareceram, partidos se formaram e se fundiram na vida política do país, mas a política de dominação branca permaneceu constante. O atual governo nacionalista é o defensor mais extremo do gover-

---

[1] Fonte: Africa Speaks, 1961. Extraído de D. Pinnock, *Voices of Liberation*, v. 2: Ruth First, Pretória: Human Sciences Research Council Publishers, 1997.

no de supremacia branca, mas sua base foi lançada muito antes de 1948, quando chegou ao poder sob liderança de Malan.[2]

A política oficial, que rege as relações entre o grupo dominante de 3 milhões de brancos e a maioria (quase 10 milhões) de africanos, é hoje conhecida como *apartheid*. Ainda assim, em diferentes períodos, foi apresentado de distintas formas, como segregação, tutela, preservação da civilização branca e desenvolvimento segregado. Seja como segregação ou tutela, sob o governo de Smuts como primeiro-ministro, ou baixo as últimas modificações na política de *apartheid* do governo nacionalista, todos negam o princípio ou a prática da igualdade racial em uma sociedade comum.[3]

Que o homem branco é dominante, não há dúvida. Mas isso, diz o argumento, é porque ele é civilizado e superior, não porque é branco. Todo um folclore de mitos e lendas para justificar o racismo foi se formando ao longo dos anos, e os contos variam de acordo com o narrador e o público.

Há a alegação, feita pelos brancos, de que estes teriam chegado ao extremo sul do país o mais tardar quando os primeiros imigrantes de língua bantu da África Central cruzaram o Limpopo, na fronteira norte da União, uma alegação considerada impor-

---

[2] D. F. Malan (1874-1959) ocupou o cargo de primeiro-ministro da África do Sul de 1948 a 1954. O governo sul-africano começou a implementar a política do *apartheid* durante esses anos. (N.E.)

[3] Jan Smuts foi um importante soldado, político, filósofo e ideólogo da supremacia branca. Uma figura relevante por trás da formação da Commonwealth britânica, da Liga das Nações e das Nações Unidas. Smuts esteve envolvido no surgimento da ordem liberal pós-Segunda Guerra Mundial, ao mesmo tempo que criava o domínio branco segregacionista na África do Sul. Durante seus mandatos como primeiro-ministro (1919-1924 e 1939-1948), a agitação social prevaleceu com a Revolta de Rand, o Massacre de Bulhoek e a Rebelião de Bondelswarts, todos entre 1921 e 1922. O Partido Nacional foi o principal partido político do nacionalismo africâner. (N.E.)

tante o suficiente para ser usada pelo representante da África do Sul perante a Assembleia Geral das Nações Unidas. Há a alegação de que o *apartheid* é a palavra de Deus e que a segregação racial está especificamente ordenada na Bíblia. Há a alegação de que os africanos não contribuíram em nada para a "civilização" e que o africano, não apenas na União, mas também em outras partes do continente, não teria história, mas apenas toda uma vida levada na selvageria. Há a convicção de que os africanos são diferentes do homem branco em uma variedade de formas, difíceis de definir. O obscurantismo sul-africano hoje, sob os nacionalistas, chega ao ponto de excluir o ensino da evolução do currículo escolar porque esta pregaria a unidade da humanidade. Cria bases legais para que o *apartheid* seja aplicado em serviços de transfusão de sangue de forma que, independentemente de seus grupos sanguíneos, a vida de nenhuma pessoa branca jamais tenha que ser salva por sangue colhido de um doador africano; e proíbe que autópsias em cadáveres brancos sejam feitas por médicos africanos.

A inventividade de Jonathan Swift empalidece diante das realidades sul-africanas e, de fato, foi dito que na União a vida melhora com a sátira, embora nem todas as lendas populares que compõem esse folclore racial sejam igualmente desprovidas de requinte ou sutileza. No entanto, a maioria das variações compartilha o conceito básico de que o africano é diferente e inferior e que a civilização seria prejudicada por sua admissão na sociedade como um igual.

Este argumento tem duas fragilidades gritantes. Se os africanos são inerentemente inferiores, certamente não deveria ser necessário legislar para mantê-los assim. Os livros jurídicos da África do Sul estão repletos de estatutos que reservam empregos qualificados para brancos; um sistema especial de educação bantu foi instituído para garantir que os africanos não encontrem lugar, nas palavras do primeiro-ministro da União, Dr. H. F. Verwoerd, "na comunidade europeia acima do nível de certas formas de trabalho"; e os esforços continuam para transformar trabalhadores das fábricas urbanas novamente em membros tribais.

A segunda fragilidade no argumento de que a civilização seria prejudicada se o africano fosse admitido como igual é a suposição não sustentada de que o africano nunca conseguiria se aproximar da civilização – mesmo depois de gerações dentro do processo civilizador – como se houvesse alguma herança genética e imutável, qualidade com a qual apenas os brancos estariam equipados, e que os africanos nunca teriam.

A experiência africana na União mostra que as oportunidades não se expandiram, mas encolheram. Por exemplo, no passado, à medida que mais africanos se qualificavam para garantir seu direito ao voto, as qualificações iam sendo alteradas para colocar o voto cada vez mais longe de seu alcance até que, finalmente, o direito ao voto para os africanos foi totalmente abolido. É um reflexo bastante contundente da "missão civilizadora" dos brancos na África Austral o fato de que, depois de 300 anos, os africanos ainda estejam tão atrás que devam ser totalmente excluídos de compartilhar esta civilização, para que não a poluam. O racialismo tem sido um fator essencial na técnica de dominação na União. Transferiu para os próprios ombros do africano a culpa de qualquer atraso. A solução para o problema racial tem sido proposta principalmente como uma quebra gradual do preconceito racial durante um longo período – longo o suficiente tanto para civilizar os primitivos quanto para reeducar os civilizados na tolerância –, e essa abordagem desviou a atenção do problema principal. Pois, acima de tudo, o racialismo sobrepôs a natureza da dominação e da exploração e instrumentalizou o preconceito de cor para obscurecer as técnicas de dominação. Onde o privilégio pode coincidir com a cor, ele se torna muito mais arraigado e intocável. E onde a cor da pele branca pode se tornar o distintivo de privilégio que dá aos brancos acesso exclusivo a ofícios e profissões qualificadas, concedendo-lhes o monopólio da representação política e das oportunidades de negócios, um quarto da população pode ser persuadido a ver a manutenção da "civilização branca" (ou domínio) como condição para sua própria prosperidade e sobrevivência contínuas.

A presença de diversos grupos raciais na União permitiu à África do Sul alegar que sua situação é única e não deve ser julgada pelos padrões internacionais. Na realidade, porém, seus problemas têm sido característicos de um país que se desenvolve rapidamente em direção à sua fase industrializada, com as necessidades concomitantes de uma grande força de trabalho divorciada da terra e direcionada para o trabalho assalariado. Longe de serem únicos, esses problemas tiveram seu equivalente em muitos países, mesmo naqueles com populações homogêneas. Em *Caste, Class and Race* [Casta, classe e raça], Oliver Cox argumenta: "De fato, o proletariado branco dos primórdios do capitalismo teve que suportar o fardo da exploração bastante semelhante ao que muitas pessoas de cor precisam suportar hoje", e demonstra que, para justificar esse tratamento, argumentava-se que os trabalhadores eram intimamente degradados e degenerados e, consequentemente, mereciam sua condição.[4]

As Leis de Cercamento, que forçaram o campesinato a migrar para os moinhos e fábricas da Inglaterra recém-industrializada, têm seu paralelo no Sistema de Reservas da União, que restringe o acesso de 70% da população a apenas 10% da terra. A pobreza resultante, aliada à pesada tributação, impele os africanos a

---

[4] Cox, Oliver C. *Caste, Class, and Race*: A Study in Social Dynamics. Nova York: Monthly Review Press, 1959, p. 333.

trabalhar nas áreas de trabalho branco. As leis de vadiagem que lembram as da Inglaterra durante a Revolução Industrial tornam o desemprego uma ofensa e a ociosidade um pecado. O objetivo do sistema educacional para os pobres não é a aprendizagem, mas sim ensinar-lhes o trabalho e a humildade, de modo a proteger a boa ordem de uma sociedade que vê os esforços dos pobres e humildes para se emancipar como uma ameaça à sua própria natureza.

A África do Sul entrou na fase industrial há apenas uma geração e muito depois dos primeiros países desenvolvidos, em um período em que as lições da história já eram conhecidas e situações similares poderiam ter se mostrado instrutivas. Mas o racialismo serviu para tornar opacas as semelhanças e embotar o exemplo, não apenas desviando a atenção da estrutura básica da economia da África do Sul, mas também ocultando a intensidade da exploração e a taxa excessiva em que a riqueza é acumulada, sem nenhum cuidado com o bem-estar humano.

Esta realidade aplica-se, em geral, tanto ao vizinho imediato da União ao norte, a Federação Centro-Africana, como à África do Sul.[5] No entanto, com o bruto racialismo sob forte ataque de todos os lados no século XX, tanto a União quanto a Federação acharam necessário modificar suas formas, ceder aqui e ali à pressão pública da opinião esclarecida, inventar novos disfarces para as velhas políticas e tentar confundir e frustrar tanto a oposição africana quanto as outras.

Assim, na Federação, as políticas que são parentes próximos da forma de dominação branca da União são descritas como

---

[5] A Federação da Rodésia e Niassalândia, também conhecida como Federação Centro-Africana ou CAF (1953-1963), foi uma federação colonial que consistia em três territórios da África Austral: a autogovernada colônia britânica da Rodésia do Sul (Zimbábue) e os protetorados britânicos da Rodésia do Norte (Zâmbia) e Niassalândia (Malawi). (N. E.)

uma "parceria" e um novo ponto de partida nas relações raciais. Na União, o governo nacionalista, apesar de toda a sua intransigência e desprezo pela opinião internacional, foi compelido a tentar apresentar suas políticas raciais em uma perspectiva mais favorável.

Os governos da África do Sul, totalmente brancos, fizeram muitas tentativas de reformar a velha casa com variados níveis de sucesso. Se o governo nacionalista conseguiu dar a impressão a alguns na União de que está avançando em vez de retroceder, fazendo concessões onde o calo mais aperta, isso se deve em grande parte ao fato de a supremacia branca estar enraizada na estrutura básica da África do Sul e ter tido muitas e longas décadas para se entrincheirar.

Desde os primeiros contatos, a história do povo africano tem sido de constante expropriação das suas terras, processo concluído e legalizado em 1913 com a aprovação da primeira Lei de Terras, que confinou milhões de africanos em áreas demasiadamente pequenas para que fosse possível prover seu sustento e o de seus rebanhos. A política fundiária da União, ao lado da tributação, tem sido o elemento impulsionador que tem obrigado os membros das tribos a migrar e trabalhar em áreas urbanas por baixos salários. A rápida expansão da mineração de ouro, diamante e metais básicos e o desenvolvimento da indústria levaram à aceleração do processo. Enquanto os africanos pudessem desfrutar da vida de subsistência como camponeses, eles não poderiam ser pressionados a servir. A mão de obra migrante arruinou a agricultura africana ao esvaziar as reservas de homens fisicamente aptos por longos períodos e, ao mesmo tempo, subscreveu o sistema de baixos salários. A justificativa apresentada para a política é que esses homens são camponeses que aumentam sua renda rural com períodos de trabalho em minas ou cidades.

Outra importante consequência da supremacia branca foi a descentralização da segregação por meio do governo municipal local. A primeira Lei de Áreas Urbanas, introduzida pelo governo Smuts em 1923, incorporava um princípio formulado por uma Comissão que afirmava: "O nativo só deve ter permissão para entrar nas áreas urbanas, que são essencialmente criação do homem branco, quando estiver disposto a ingressar nas necessidades do homem branco e cuidar delas, e deve partir quando cessar de cuidar". Reforçando esses pilares principais da política de segregação ou *apartheid* estão as dezenas de apoios secundários: as leis que impõem a segregação residencial e negam aos africanos o direito de propriedade nas cidades; a negação da formação técnica e da aquisição de competências aos africanos; a aberrante disparidade entre salários qualificados e não qualificados; as leis que controlam a liberdade de movimento, que são um dispositivo vital para bloquear o direito do trabalhador africano de concorrer a empregos nos melhores mercados de trabalho. Os nacionalistas assumiram todos esses aspectos básicos da política de segregação, mas os aplicaram com mais rigidez e com mais brutalidade e meticulosidade do que qualquer governo anterior.

Anos de imposição da discriminação racial não contra um grupo minoritário, mas contra a esmagadora maioria do povo da União, deram à supremacia branca uma nova justificativa para se sustentar. Agora existe o medo da vingança, dos africanos se voltando contra seus opressores, do surgimento de um chamado nacionalismo negro contra o qual os brancos devem se defender. A tradicional política de segregação, ou *apartheid*, é a única maneira, agora defendida com vigor reforçado, de evitar os choques que necessariamente devem surgir onde convivem diferentes raças.

As Reservas Africanas se tornarão lares nacionais Bantu, sete pequenos Estados ao todo, com sua própria maquinaria representativa, comissários-gerais para manter a conexão com a capital em Pretória e embaixadores tribais nas cidades para manter os trabalhadores urbanos sob influência e controle tribal. Comissões foram nomeadas para fornecer a justificativa teórica para a criação desses Estados imaginários dentro do Estado da África do Sul e para planejar o desenvolvimento socioeconômico dos novos lares nacionais. Simultaneamente, os últimos remanescentes da representação africana no Parlamento e no Senado foram abolidos e os últimos fios que ligavam os africanos às instituições políticas em geral foram cortados. De agora em diante, chefes, autoridades tribais e seus representantes nas cidades e no campo administrarão as leis do *apartheid* como uma considerada "restauração" de seus antigos direitos tribais. Isso nada mais é do que uma nova tentativa de modernizar os métodos de governo indireto que falharam em administrações coloniais em tantas partes do continente.

O plano dos bantustões é um pretexto engenhoso para tratar os africanos como estrangeiros em seu próprio país, exceto nas pequenas Reservas a serem conhecidas como seus "Estados". Os direitos dos africanos que ainda sobrevivem nas cidades serão apagados, e os africanos serão permitidos apenas como trabalhadores temporários sob a alegação de que gozam de plenos direitos em suas próprias áreas. Mas em suas próprias áreas, os africanos sob seus chefes, que ocupam cargos apenas enquanto concordam em cumprir a linha do governo, serão administrados pelas leis aprovadas pelo Parlamento da União e supervisionadas e implementadas pelo Departamento de Administração Bantu, que controla a vida africana em todos os detalhes com seus tentáculos de polvo.

Ao inaugurar uma dessas autoridades tribais, o primeiro-ministro da União disse aos africanos:

> O homem branco também teve sua árvore do desenvolvimento separado plantada há muito tempo. Já cresceu e dá frutos. Para

progredir, o Bantu também deve ter essa árvore. Eles não devem sentir ciúmes ao olhar para o jardim de outro homem. Cuide de sua própria arvorezinha e ela se tornará grande. [6]

A hipocrisia da parábola reside no fato de que foram os africanos, assim como outros, que cuidaram e continuaram cuidando da árvore do homem branco. E como o posseiro ou meeiro da União que cultiva seu lote precário apenas depois de passar a maior parte do ano trabalhando na terra de seu senhor, ele deve cuidar de sua árvore apenas depois de cuidar da do homem branco, para então ser informado de que a dele não floresceu como a do homem branco porque ele é preguiçoso e porque seus métodos agrícolas são retrógrados e antiquados.

O programa mais detalhado e abrangente de demandas não brancas é o da principal organização política dos africanos, o CNA, à qual se juntam em aliança os Congressos Indiano Sul-Africano [o South African Indian Congress], dos mestiços [o South African Coloured People's Organization] e a única federação sindical não racial do país [o South African Congress of Trade Unions].

O produto desses esforços se refletiu concisamente na Carta pela Liberdade, que foi adotada em uma assembleia de delegados de todas as raças em junho de 1955, após um esforço nacional para averiguar as demandas e as necessidades das pessoas comuns em todas as esferas da vida. Esta carta é o mais radical dos programas políticos em curso no país e, de forma bastante significativa, constitui a principal prova da acusação no Julgamento por Traição.

A política do movimento do Congresso – os principais redatores da carta – é baseada em dois pressupostos essenciais estrei-

---

[6] Duma Nokwe, "Bantu Areas – Machinery of Oppression", Liberation, 30 de março de 1958.

tamente relacionados entre si. O primeiro é o reconhecimento de que, com o monopólio completo do governo nas mãos dos brancos e um partido de oposição em declínio e prejudicado por delimitações fraudulentas e outros obstáculos eleitorais e constitucionais, seria quase um milagre que mudanças de longo alcance na política nacional sejam conquistadas por meio do Parlamento. O segundo é o reconhecimento, estabelecido no preâmbulo da carta, de que "a África do Sul pertence a todos os que vivem nela, negros e brancos, e nenhum governo pode reivindicar autoridade com justiça a menos que seja baseado na vontade de todo o povo".

A carta é tanto um apanhado das demandas quanto uma declaração dos princípios básicos do movimento do Congresso. Em grande medida, é uma reivindicação de direitos que passaram a ser reconhecidos como parte da herança de todos os homens na era moderna. Entre elas estão demandas como: os direitos das pessoas devem ser os mesmos, independentemente de raça, cor ou sexo; ninguém será preso sem um julgamento justo; a lei garantirá a todos o direito de falar, adorar, se reunir. Todos os que trabalham devem ser livres para formar sindicatos; a educação deve ser obrigatória, gratuita e igual para todas as crianças; o analfabetismo da população adulta será erradicado por meio de um plano estadual de educação em massa. Os idosos, os órfãos, os deficientes e os doentes deverão ser cuidados pelo Estado, os espaços segregados e os guetos serão abolidos e as leis que separam as famílias, revogadas. O banimento de pessoas de cor no esporte e na vida cultural deve acabar; um sistema de saúde preventiva deve ser implementado pelo Estado, e assim por diante, para cada uma das dez seções principais e 56 cláusulas da carta.

Aqui não há concessão à teoria de que a educação deve ser uma qualificação para o voto, que os membros mais "atrasados" da comunidade devem ser primeiro preparados para a responsabilidade cívica para apenas depois serem incumbidos dela. Aqui não há nenhuma proposta para que os não brancos, em vez de se preocuparem com o voto, se concentrem em atender às necessidades mais "urgentes" de melhores moradias, salários adequados e outros serviços para a sociedade. A política do Congresso é enfática: apenas os direitos políticos são uma garantia contra uma legislatura que ignora contínua e brutalmente os interesses da maioria da população. Completamente ausente da carta está qualquer sugestão de que reformas graduais e a revogação dessa legislação discriminatória serão adequadas para produzir qualquer mudança substancial na situação total de discriminação.

Como inverter um padrão de 300 anos de dominação branca? A carta afirma em uma de suas cláusulas sobre economia: "Todas as pessoas devem ter o direito de negociar onde quiserem, de produzir e ter acesso a todos os setores, ofícios e profissões". Mas uma mera proclamação de direitos sem qualquer mudança correspondente na ordem das coisas que torna todos esses campos cativos aos brancos, dá-lhes pouco significado.

O Congresso está comprometido com uma política de superação da pobreza rural, banindo a fome e a escassez de terras, demolindo favelas, garantindo pagamento igual para trabalhos iguais e acabando com o trabalho migrante, infantil e temporário. Tudo isso depende da quebra do padrão socioeconômico dominante no país. Monopólios gigantes na indústria de mineração de ouro, ligados a interesses financeiros e industriais e grupos agrícolas entrincheirados, possuem e controlam a riqueza nacional do país e moldam esse padrão básico. A carta defende que "a riqueza nacional do país será devolvida ao povo, a riqueza mineral sob o solo, os bancos e a indústria monopolista serão transferidos para a propriedade do povo como um todo".

A nacionalização da indústria básica de mineração de ouro e da indústria monopolista e a redistribuição de terras, que são fundamentais para solucionar o problema central de elevar o *status* econômico dos não brancos, não são necessariamente sinônimos de socialismo, e o Congresso não faz nenhuma reivindicação de ter um programa socialista. Este visava, em seu estatuto, refletir as aspirações de todas as classes e grupos na África do Sul que lutam por mudanças democráticas. O teste para as cláusulas da carta era simplesmente: o programa como um todo pode ser implementado sem elas, levando em consideração a natureza da presente ordem?

A situação da África do Sul é complexa porque, embora a grande maioria de seu povo ocupe o *status* colonial e semicolonial, eles não são administrados por um poder dominante que se encontra do outro lado do mar, mas por uma população branca estabelecida em bases bastante seguras dentro da população colonial e aliada aos britânicos, americanos e outros investidores para além de suas fronteiras. Assim como a independência total e sem entraves para qualquer um dos novos Estados emergentes da África significa romper os laços não apenas de dependência política, mas também financeira, a liberdade para a grande maioria do povo da União significa uma ruptura radical com a antiga subjugação em todas as suas formas.

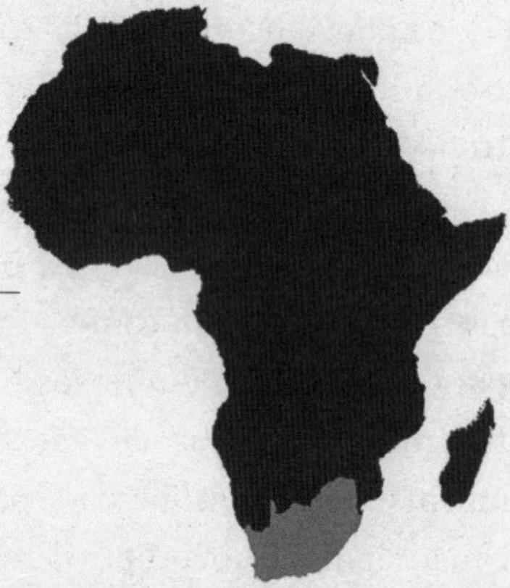

Da Carta pela Liberdade
à luta armada[1]

O início da luta armada contra o regime sul-africano deve ser visto em todo seu contexto: a história da África do Sul é de violência organizada exercida contra a maioria do povo. Primeiro, a violência da conquista militar ao longo de três séculos (o último ato de resistência armada foi a Rebelião de Bambatha, no início deste século, em Natal), e depois a violência institucionalizada de um sistema político que entrincheira uma minoria no poder contra a vontade e os interesses de uma maioria que os supera em quatro para um.[2] A história da África do Sul também não é de uma transmissão constante ou mesmo gradual de mais direitos para a maioria, mas sim de uma perda progressiva de direitos, da abolição de qualquer direito político, ainda que limitado, que ainda existisse como ressaca do liberalismo do Cabo do século XIX e o enfraquecimento consistente e, finalmente, a abolição do direito do indivíduo de promover suas liberdades civis e padrões de vida por meio dos tribunais e do uso do Estado de direito, ou por organização política ou sindical.

---

[1] Discurso proferido na Conferência do Movimento Anti*apartheid*, Londres 1968. Extraído de D. Pinnock, *Voices of Liberation*, v. 2: Ruth First, Pretória: Human Sciences Research Council Publishers, 1997.
[2] A Rebelião de Bambatha de 1906 foi uma revolta rural liderada por Bambatha kaMancinza contra a tributação britânica e a política colonial na província de Natal. (N.E.)

O protesto não violento foi um princípio do movimento do Congresso durante a maior parte de sua história, desde a fundação do Congresso Nacional Africano (CNA) em 1912. O falecido chefe Luthuli colocou um ponto final nesse período inicial.[3] Em outubro de 1952, questionou:

> Quem negará que 30 anos da minha vida foram gastos em vão, paciente, moderada e modestamente batendo em uma porta fechada e trancada? Quais têm sido os frutos da moderação? Os últimos 30 anos testemunharam o maior número de leis restringindo nossos direitos e progressos até hoje, e chegamos ao estágio em que temos direitos a quase nada.

O imediato pós-Segunda Guerra Mundial foi um período de grandes dificuldades econômicas para o povo africano, e também de um grande surto de organização em sindicatos e movimentos políticos de massa. Mas a política do governo era "sangrar os sindicatos até a morte" (palavras de um ministro sul-africano do Trabalho) e reprimir o levante político. Os primeiros anos do governo nacionalista no poder foram uma amostra do que estava por vir: houve um grande aumento na criação de leis repressivas vindas do Parlamento totalmente branco e, um após o outro, os poucos direitos remanescentes dos não brancos foram atacados. O histórico legislativo do governo nacionalista já está bastante documentado. O mesmo aconteceu com o crescimento em força e influência do movimento de resistência, que reuniu grandes greves nacionais de protesto e uma impressionantemente disciplinada Campanha de Desobediência Contra as Leis Injustas, durante a qual 8.500 voluntários arriscaram ser presos a fim de chamar a

---

[3] O chefe Albert Luthuli foi o primeiro africano a ser laureado com o Prêmio Nobel da Paz, em 1960. Foi também o líder africano mais conhecido e respeitado de sua época, exercendo o cargo de presidente-geral do CNA de dezembro de 1952 até sua morte, em 1967.

atenção para o efervescente ressentimento dos não brancos e a urgência de suas reivindicações.

As campanhas da década de 1950 representaram os anos de mobilização em massa dos africanos, indianos e mestiços, com o apoio de um pequeno e disperso grupo de brancos antirraciais, e também da elaboração de um programa de objetivos e reivindicações para o movimento de libertação da África do Sul. Este último objetivo culminou no Congresso do Povo, realizado em Kliptown, nos arredores de Joanesburgo, em 26 de junho de 1955.[4] O Congresso foi o clímax de meses de organização em aldeias, fábricas, minas e municípios para fazer com que as pessoas comuns expressassem suas demandas por liberdade. Eles anotaram suas queixas e demandas em resoluções tomadas em centenas de reuniões anônimas, depois elegeram delegados para virem pessoalmente à conferência massiva que adotou a Carta pela Liberdade. Suas demandas são bem conhecidas, em geral:

- a África do Sul pertence a todos os que vivem nela, negros e brancos;
- nenhum governo pode reivindicar com justiça a autoridade até que seja baseado na vontade do povo;
- o povo governará;
- todos os grupos nacionais devem ter direitos iguais;
- a terra será repartida entre os que nela trabalham;
- todos serão iguais perante a lei;
- haverá trabalho e segurança;
- as portas do aprendizado serão abertas, e assim por diante.

---

[4] O Congresso do Povo foi um encontro organizado pela Aliança do Congresso. Visava construir uma base para unir todas as correntes democráticas em torno de um programa comum. (N.E.)

A Carta pela Liberdade foi o primeiro documento político do movimento de massas de pessoas oprimidas a estabelecer objetivos para uma África do Sul democrática e não racial.

O governo retaliou com a prisão em massa de líderes políticos de todas as raças. Vinte dias antes do Natal de 1956, foi aberto o Julgamento por Traição. Ao todo, 156 líderes políticos de todas as raças estavam no banco dos réus. O Estado os acusou de traição por conspiração para derrubar o governo sul-africano pela violência. O principal foco do processo foi a política do CNA de 1952 a 1956, e todos os documentos escritos por ou em posse de cada um dos 156 réus foram minuciosamente estudados e apresentados como parte do processo pela acusação. O julgamento durou mais de quatro anos e acabou colapsando, ao final. Todos os 156 réus foram considerados inocentes e liberados. As provas do Estado alegando violência haviam sido forjadas. Esta foi a derrota mais ignominiosa do governo nos tribunais e diante dos olhos do mundo. A partir de então, o governo sul-africano começou a circunscrever firmemente os poderes do Judiciário para quebrar a independência que lhe restava, agindo fora dos domínios da lei, por éditos e decretos ministeriais.

Enquanto o Julgamento por Traição ainda estava em andamento, o país foi abalado pelos eventos de Sharpeville, em 1960. Em março daquele ano, a polícia abriu fogo contra os protestos massivos contra o uso do passe em dois centros: em Sharpeville, no Transvaal, onde 69 pessoas foram mortas e 180 ficaram feridos, e em Langa, no Cabo, onde dois morreram e 49 ficaram feridos. O CNA convocou uma greve nacional como dia de luto. O governo vacilou por um momento com o anúncio de que as Leis de Passe seriam suspensas, e o chefe Luthuli queimou seu passe, seguido por milhares de outros. O governo declarou emergência nacional e o CNA e o Congresso Pan-Africanista foram banidos.

Mil e oitocentos líderes políticos foram presos durante o estado de emergência.

No ano seguinte, 1961, a África do Sul branca preparava a realização de um referendo para se declarar uma República Nacionalista (Branca). Um comitê *ad hoc* de líderes africanos (que tomou a iniciativa porque as organizações do povo africano foram proibidas) convocou uma conferência geral em Pietermaritzburg para março de 1961 com o objetivo de redigir uma Constituição não racial para a África do Sul e reforçar sua exigência de que o voto fosse garantido a todos, sem discriminação.[5] A resolução foi apoiada pela convocação de uma greve nacional de protesto. O governo respondeu à greve com a maior mobilização do país desde a Segunda Guerra Mundial, quando o Exército e a Polícia realizaram uma demonstração sem precedentes de força armada para estrangular a greve já em seu início. Mas apesar de tudo, aqueles que resistiram receberam um apoio sólido e expressivo em todo o país. Foi nesse ponto que Nelson Mandela, que liderou a greve na clandestinidade, colocou a questão: "É politicamente correto continuar pregando a paz e a não violência ao lidar com um governo cujas práticas bárbaras trouxeram tanto sofrimento e miséria aos africanos? Não viramos a página sobre esta questão?"

A repressão da greve – com sarracenos [carros de transporte blindados] feitos na Grã-Bretanha – foi o ponto de virada na luta política. Os africanos decidiram que a violência do Estado tornava fúteis os protestos pacíficos.

Os anos 1950 foram testemunha, com o aguçamento das reivindicações africanas e o amadurecimento de sua organização política, de um ataque constante aos seus direitos de organização. Isso co-

---

[5] Resolutions of the All-In African Conference, Pietermaritzburg, 25 e 26 de março de 1961.

meçou com a Lei de Supressão do Comunismo em 1950, que deu ao ministro da Justiça poder autocrático para banir qualquer organização, jornal, indivíduo ou política. Os banimentos de sindicalistas e dirigentes políticos, que inicialmente eram de dois anos, foram estendidos para cinco. Homens e mulheres foram restritos a certos distritos magistrais, municípios e, finalmente, sob a "Lei de Sabotagem de 1962", a suas próprias casas. Eles foram proibidos de entrar em fábricas ou áreas portuárias, participar de reuniões, escrever para publicações, entrar em redações de jornais, pertencer a qualquer organização que discutisse assuntos do Estado, se comunicar com outros indivíduos banidos ou serem vistos na companhia de mais de uma pessoa, uma vez que isso era interpretado como uma reunião ilegal. Os membros da oposição que expressavam abertamente suas opiniões foram condenados a um estado de morte civil, e o movimento político foi esvaziado de seus ativistas por uma ou outra transgressão dentro de uma miríade de restrições legais.

A partir de 1953, o governo outorgou a si mesmo o direito de suspender todas as leis e de governar por decreto em Estado de Emergência. Esses poderes de emergência foram usados não apenas para a repressão após Sharpeville, mas também contra a revolta camponesa em Pondoland, e até hoje a Proclamação 400 no chamado Transkei independente permite ao governo deter qualquer pessoa por qualquer período.[6]

---

[6] Série de revoltas no que é hoje a parte ocidental da província de Cabo Oriental rejeitando as autoridades "tribais" no Bantustão do Transkei, implementadas pela Lei das Autoridades Bantu de 1951. O sistema de Bantustão criou uma hierarquia entre "tribal", distrital, regional e autoridades territoriais, ao mesmo tempo que aumentava o poder de certos líderes tradicionais designados como "chefes" que, em última instância, eram subordinados ao governo central do *apartheid*. O sistema aumentava os impostos e reduzia a participação popular no processo decisório. (N.E.)

O efeito cumulativo dessas leis draconianas foi transformar a África do Sul em um Estado policial por completo. Organizar-se por direitos políticos, expressar reivindicações políticas, tornou-se um ato de subversão. A expressão política foi levada à clandestinidade e a organização política foi perseguida sob o risco de vitimização, detenção e encarceramento. Era evidente que, para o povo africano, restringir sua oposição apenas aos métodos convencionais e pacíficos seria se render. Quanto mais as organizações políticas demonstraram sua capacidade de organizar o povo africano em seu apoio, mais selvagem foi a repressão desencadeada contra elas. Um beco sem saída de opressão e discriminação contínuas parecia estender-se diante do país.

Em 16 de dezembro de 1961, a uMkhonto we Sizwe [A Lança da Nação] surgiu com uma série de ataques com explosivos contra prédios do governo, particularmente aqueles ligados à implementação do *apartheid*, e com um manifesto que foi colado durante a noite nas paredes dos prédios da cidade:

> O povo prefere métodos pacíficos de mudança para alcançar suas aspirações sem a amargura e o sofrimento da guerra civil. Mas a paciência das pessoas não é infinita [...]. O governo interpretou a forma pacífica do movimento como fraqueza; a política de não violência dos povos tem sido tomada como sinal verde para a violência governamental [...] sem medo de represálias. A uMkhonto we Sizwe marca uma ruptura com o passado. Estamos trilhando um novo caminho para a libertação do povo. A política governamental de força, repressão e violência não será mais enfrentada apenas com resistência não violenta! [...]

A uMkhonto we Sizwe estará na linha de frente da defesa do povo. Será o braço de luta do povo contra o governo.[7]

---

[7] "uMkhonto we Sizwe Command", Manifesto da uMkhonto we Sizwe, 16 de dezembro de 1961.

A uMkhonto we Sizwe deveria complementar as ações do movimento de libertação nacional já estabelecidas. O novo movimento, apesar de seu caráter militar, anunciava que não abandonava a esperança e a perspectiva de mudança sem violência na África do Sul:

> Nós, da uMkhonto we Sizwe, sempre buscamos, assim como o movimento de libertação tem buscado, alcançar a libertação sem derramamento de sangue e choque civil. Esperamos – mesmo nesta hora tardia – que nossas primeiras ações despertem em todos a compreensão da desastrosa situação política à qual a política nacionalista está levando. Esperamos trazer o governo e seus apoiadores à razão antes que seja tarde demais, para que tanto o governo quanto suas políticas possam ser mudados antes que as coisas cheguem ao estágio desesperador da guerra civil. Acreditamos que nossas ações são um golpe contra os preparativos nacionalistas para a guerra civil e o regime militar.[8]

Enquanto restasse a menor possibilidade de forçar uma reconsideração das políticas oficiais intransigentes, enfatizou a uMkhonto we Sizwe, a luta armada continuaria sendo a forma de luta complementar, não a principal, e o povo, lado a lado com as ações de uMkhonto, lutaria como já vinha fazendo para encontrar todos os meios à sua disposição para conquistar a mudança democrática pelos métodos de ação de massa. O governo respondeu à formação da uMkhonto we Sizwe com a "Lei de Sabotagem", a Lei de Emenda das Leis Gerais de 1962. Essa lei criou crimes retroativos pelos quais as pessoas poderiam receber a pena de morte, instituiu a base legal para a detenção indefinida de presos políticos – a Lei dos 90 Dias, que foi suspensa em janeiro de 1965, mas substituída alguns meses depois pelos poderes de detenção de 180 dias – e definia sabotagem como praticamente qualquer ação ilegal tomada para promover mudanças econômicas ou políticas. Como praticamente todo tipo de atividade política era agora ilegal, um sindicalista que entrasse

---

[8] Idem.

à força nas instalações da fábrica ou um africano que participasse de uma greve poderia ser acusado de sabotagem.

A Comissão Internacional de Juristas condenou a lei por reduzir a liberdade do cidadão a um grau não superado pela mais extrema das ditaduras.

A detenção de 90 dias inaugurou o uso oficial da tortura pelo Estado. Onde o confinamento solitário não tivesse o efeito desejado de fabricar confissões de prisioneiros ou forçá-los a se tornarem testemunhas do Estado, a Polícia de Segurança recorria à tortura – a tortura da estátua, o uso de choque elétrico e outras.

O efeito dessa e de outras leis foi abarrotar as prisões de presos políticos. Em nenhum outro lugar a onda de repressão foi administrada de forma mais cruel do que no Cabo Oriental, reduto da militância da CNA, onde, no decorrer de dois anos, a Polícia de Segurança prendeu mais de mil pessoas. Prisões em massa, julgamentos em massa e a dispensação em massa de "justiça" tornaram-se a ordem do dia. O Estado dependia cada vez mais de armadilhas policiais, informantes e da extração bruta de confissões para conseguir evidências. De acordo com os números apresentados pelo ministro da Justiça, 3.335 sul-africanos foram detidos sob várias leis de segurança em 1963. Segundo cálculos de um jornal sul-africano, entre março de 1963 e agosto de 1964, houve 111 julgamentos políticos em massa nos quais 1.353 pessoas foram acusadas. Destas, 44 foram condenadas à morte, 12 à prisão perpétua e 894 a um total de 5.713 anos de prisão. Entre as primeiras vítimas da pena de morte por sabotagem estavam Vuyisile Mini, líder dos estivadores, e Khayinga e Mkaba, que foram enforcados em 1964.[9]

---

[9] Vuyisile Mini (1921-1964) foi um sindicalista e militante da uMkhonto we Sizwe, mais tarde enforcado por seu papel no MK e na resistência anti*apartheid* em 1964. Wilson Khayinga e Zinakile Mkaba eram dois proeminentes

Em 11 de junho de 1963, a polícia invadiu uma sede clandestina em Rivonia, um subúrbio de Joanesburgo, e prendeu Walter Sisulu, Govan Mbeki, Ahmed Kathrada e outros.[10] O extenso Julgamento de Rivonia dos nove líderes da CNA terminou com a condenação à prisão perpétua desses homens, todos agora detidos na Ilha Robben. Do cais, Nelson Mandela disse:

> Admito que fui uma das pessoas que ajudou a formar a uMkhonto we Sizwe. Não nego que planejei atos de sabotagem. Não planejei isso com espírito de imprudência ou porque tenho algum amor pela violência. Planejei-o como resultado de uma avaliação calma e sóbria da situação política que surgiu após muitos anos de tirania, exploração e opressão do meu povo pelos brancos.[11]

Os eventos do início dos anos 1960 convenceram o movimento político africano de que não restava nenhuma perspectiva possível de efetuar mudanças na África do Sul por meios pacíficos. A ação parlamentar constitucional nunca foi uma opção que esteve aberta à maioria africana. Manifestações, petições, demonstrações massivas para provar a representatividade e o apoio popular das organizações, campanhas de resistência passiva influenciadas pelo gandhismo, campanhas não violentas ex-

---

líderes do CNA que foram presos e enforcados ao lado de Mini, acusados de sabotagem e outros crimes políticos. (N.E.)

[10] Walter Sisulu (1912-2003) foi um ativista anti*apartheid* e membro do CNA, servindo por vezes como secretário-geral e vice-presidente da organização. Foi detido na prisão de Robben Island, onde cumpriu uma pena de mais de 25 anos. Govan Mbeki (1910-2001) foi um político, intelectual, comandante militar e líder comunista sul-africano que serviu como secretário da uMkhonto we Sizwe em seu início, em 1961. Ahmed Mohamed Kathrada (1929-2017) foi um comunista e importante militante da luta contra o *apartheid*. Os três foram julgados por 221 atos de sabotagem e conspiração para derrubar o Estado. (N. E.)

[11] Nelson Mandela, "I Am Prepared to Die", declaração feita da tribuna na abertura do Caso da Defesa no Julgamento de Rivonia, Suprema Corte de Pretória, 20 de abril de 1964.

clusivamente sul-africanas e até mesmo os tiros de advertência disparados pela uMkhonto we Sizwe em suas ações de sabotagem direcionadas haviam deixado o muro de granito do *apartheid* e do domínio da supremacia branca inabalado e inexpugnável.

Em 13 de agosto de 1967, unidades avançadas da uMkhonto we Sizwe, ao lado de combatentes da União dos Povos Africanos do Zimbábue [Zapu, na sigla em inglês], abriram um novo capítulo de resistência na África Austral.[12] Unidades avançadas engajaram as forças de segurança da Rodésia em combates ferozes em Wankie e outras áreas. Três batalhas campais naquele mês foram seguidas por confrontos esporádicos, uma penetração constante das forças de guerrilha na Rodésia e na África do Sul e a abertura de uma segunda grande fase de assalto a partir de 15 de março daquele ano. O jornal *South African Sunday Times* admitiu que "a campanha de guerrilha é agora uma guerra de desgaste em grande escala".

O comunicado de Lusaka que anunciava o início dos combates confirmou oficialmente a existência de uma aliança militar entre o CNA e a Zapu. Isso estabelece um precedente na resistência africana, pois não há outro exemplo de lutadores pela liberdade vindos de diferentes territórios se unindo em uma força comum. Oliver Tambo, presidente-geral interino da CNA, disse que a ação conjunta CNA-Zapu visava fazer frente à estratégia unificada da aliança profana de Vorster-Smith-Salazar:[13] "Estamos lutando contra o mesmo inimigo, em última instância.

---

[12] A União do Povo Africano do Zimbábue [Zimbabwe African People's Union] foi um movimento do Zimbábue que lutou contra o colonialismo na Rodésia desde sua fundação, em 1961, até 1980.

[13] B. J. Voster (1915-1983) foi primeiro-ministro da África do Sul de 1966 a 1978 e o quarto presidente de Estado da África do Sul de 1978 a 1979. Ian Smith (1919-2007) foi primeiro-ministro da colônia britânica da Rodésia do Sul (agora Zimbábue) e um ardente defensor do governo branco que, em

Nossa cooperação militar é resultado da cooperação política com a qual respondemos à repressão comum dos governos da minoria branca no sul."

1965, declarou a independência da Rodésia e sua subsequente retirada do Commonwealth britânico.

Exércitos para a revolução?[1]

Para que o golpe de Estado militar fosse iniciado e para não frustrar as opções radicais, teria que haver não apenas um programa militar de mudança, mas uma articulação organizada com as forças radicais no país. Entre os militares, eles deveriam não só tomar o poder, mas salvaguardar um novo regime enquanto este alterava a base do poder.

Nesse sentido, o golpe dos Oficiais Livres de 1969 no Sudão foi bastante característico. Ali estavam soldados que organizaram um golpe não para se colocar no poder, mas para construir e garantir um governo civil de jovens intelectuais radicais comprometidos com a revolução social. Se eles terão sucesso ou não depende – para além do perigo imediato de contrarrevolução por parte das forças que eles procuram desapropriar – se essa liderança radical pode galvanizar o apoio popular para uma mudança social fundamental. Pois os exércitos profissionais por eles mesmos, e por sua própria natureza, não podem criar nem um clima revolucionário, nem possibilidades revolucionárias por meio de um golpe de Estado. O militarismo em si só pode

---

[1] Texto originalmente publicado em *The Barrel of a Gun: Political Power in Africa and the Coup d'Etat*. Penguin Press, 1970. Disponível em: https://sas-space.sas.ac.uk/3622/6/BarrelGun_VI.pdf.

inspirar uma nação se estiver voltado para atacar ou resistir a outra nação. O Egito é o único exemplo na África de um golpe de Estado que levou a uma ampla mudança social; mas também é um caso profícuo de um Exército que corre o risco de destruir as próprias transformações que iniciou.

Desde as primeiras horas do golpe de Estado egípcio, em 1952, houve uma tomada completa do aparato estatal pelos Oficiais Livres; e isso foi seguido pela conquista do poder de decisão em todos os campos: político, econômico, social e ideológico. Depois de Suez, em 1956, e das nacionalizações de 1961, Nasser proclamou que o papel do Exército seria o de abrir o caminho para a revolução. O Egito não queria políticos no Exército, mas o Exército como um todo constituiria uma força dentro do processo político nacional, e esse processo deveria ser dedicado à conquista do socialismo. Depois de lançar a Carta de Ação Nacional, Nasser dividiu os militares em duas categorias: oficiais que continuaram com suas carreiras militares receberam melhor treinamento e mais privilégios do que nunca; os oficiais que escolhessem estar ativos na vida política teriam que entregar seus uniformes e seriam destituídos de todos os privilégios que vinham com sua posição: em troca, eles recebiam cargos-chave no Estado, logo constituindo a grande maioria do corpo diplomático sênior e representando uma considerável parcela dos presidentes, diretores e conselheiros de órgãos públicos, além de ocupar um grande número de ministérios e subsecretarias de Estado e cargos cruciais no rádio, na imprensa e nos serviços de informação. Cada vez mais os cargos mais altos do Estado, na pessoa do presidente da república, mas também em toda a direção-geral do aparelho do Estado e do governo, passaram para as mãos de ex-militares. No governo de Sidky Soliman, instalado em setembro de 1966, por exemplo, o primeiro-ministro era um coronel de engenharia; três dos quatro vice-presidentes do Conselho eram altos funcionários do Estado-Maior de Engenharia; e metade do Conselho de Ministros era composto por ex-oficiais superiores e do funcionalismo do Estado-Maior. Esse domínio militar do aparato político também se estendeu às principais áreas do setor público.[2]

Até mesmo a União Socialista Árabe era administrada no estilo de corpo de oficiais. Em três estágios diferentes da revolução egípcia, movimentos políticos foram lançados para a mobilização popular: o Comício de Libertação Nacional em 1953; a União Nacional em 1957; e, em 1961, a União Socialista Árabe, com um corpo interno de quadros conhecido como Organização Política. Cada um desses movimentos políticos, por sua vez, passou do torpor à paralisia, intrinsecamente incapaz de despertar vitalidade nas aldeias, fábricas e comunidades de bairro. Em vez de um partido político administrando um Estado, o Estado do Egito estava tentando dar vida a um partido. Em princípio, o Egito tinha um governo civil, já que os oficiais do governo haviam tirado seus uniformes e cortado suas conexões com o Exército; mas o controle militar e os métodos militares persistiram. Não havia quadro político para dirigir esta revolução, porque a atividade política entre os radicais comprometidos havia sido desencorajada ou suprimida. Em última análise, os únicos quadros que o regime conseguia encontrar estavam no corpo de oficiais, ou entre os tecnocratas: e esta aliança tornava-se cada vez mais uma nova elite privilegiada.

O exército egípcio pode ter iniciado uma revolução social, mas não era uma força guerrilheira ou uma milícia popular com

---

[2] Anouar Abdel-Malek, 'The Crisis in Nasser's Egypt', *New Left Review*, 45, September-October, 1966.

raízes profundas no povo. Era um Exército convencional, animado por ordens superiores. Em tal Exército, qualquer iniciativa tomada nas fileiras é, no mínimo, insubordinação; e os subordinados adquirem o hábito de esperar por comandos. Nenhum estilo de trabalho mais prejudicial poderia ser infligido a um movimento político de massa. Assim, na União Socialista Árabe, os dirigentes eram homens escolhidos por seus superiores para cursos de direção: as tropas de choque da Organização Política dentro da União eram escolhidas "pela mais alta autoridade possível", como um oficial da União Socialista Árabe me disse no Cairo; e os candidatos ao movimento da juventude eram selecionados por recomendação de seus professores ou, no caso de estudantes universitários, de seus orientadores. Era uma direção indicada do alto, não por apoio popular e aclamação de baixo. Um crítico desse procedimento me disse no Cairo, em 1967, que um partido, para iniciar uma mudança social,

> geralmente é construído no curso de uma luta, e a luta é o parâmetro pelo qual você julga a militância e pelo qual a direção e escolhe seus quadros. Se Nasser convocar os militantes, 30 milhões responderão; mas como selecioná-los? Passamos 15 anos desencorajando – e até mesmo suprimindo – a atividade política vinda de baixo; agora o problema é como estimulá-la.

No campo, não havia nada da fúria demonstrada na luta da China para fazer com que seus camponeses "se levantassem" e derrubassem o poder dos ricos proprietários de terras. Houve reforma agrária, mas iniciada por edital e ação burocrática. O poder camponês era passivo e subjugado, e a resistência dos grandes proprietários de terras era forte, embora sub-reptícia. Até mesmo o movimento administrativo foi cuidadosamente modulado por processos como dar aos proprietários de terra períodos de transição para dispor de suas terras ou pagar-lhes uma indenização. A reforma agrária conseguiu certa redistribuição da terra e da renda rural, mas não alterou drasticamente os antigos padrões políticos do campo, pois três milhões de trabalhadores agrícolas permaneciam praticamente desorganizados, e sem eles não haveria dinâmica para uma mudança no campo. Mesmo quando o caso Kamshish irrompeu com um estrondo dramático no moroso cenário burocrático da reforma agrária, havia mais promessa do que desempenho. Este caso centrou-se no assassinato, em uma pequena aldeia, de um camponês membro da União Socialista Árabe e levou à descoberta de uma intrincada intriga iniciada por uma família rica e influente para ocultar propriedades de terras consideravelmente além dos limites decretados por lei. Isso abriu o campo ao escrutínio de uma Comissão de Controle especial para agir contra os remanescentes do feudalismo: chefiada, aliás, pelo marechal de campo Amer, o então comandante-em-chefe do Exército. A política declarada era acabar com o controle dos grandes proprietários de terras sobre a administração, sobre os camponeses pobres e até mesmo sobre a União Árabe Socialista, uma vez que a influência política dos proprietários de terras ainda estava praticamente intacta no campo. Em Kamshish, os pobres se empoderaram, ainda que brevemente; mas no topo ainda havia a velha relutância em deixar qualquer movimento popular seguir seu curso completo. No Egito, o processo de revolução nacional, e mesmo de industrialização, foi longe, e o compromisso declarado era com o socialismo. No entanto, como Anouar Abdel-Malek descreveu, a natureza e o treinamento do corpo de oficiais, sua desconfiança na mobilização popular, sua determinação em permanecer como o único detentor do poder, sua rejeição do papel dos socialistas na construção do socialismo e sua visão do socialismo como evoluindo não por meio do conflito de classes, mas pela direção arbitrária do Estado – tudo isso deu controle a um poderoso aparato dominado pelos militares, tecnocratas e administradores, e longe da massa do povo.[3]

Foi a Guerra dos Seis Dias, em 1967, que mostrou que o aparato do Estado, liderado pela elite militar, corria o risco de minar o próprio Estado e a revolução que este tentava liderar; e que destruiu, pelo menos em teoria, as pretensões do Exército de ocupar sua posição hegemônica no Estado egípcio. Pois a elite militar do Egito mostrou-se despreparada e incapaz na guerra, e engajada em conspiração para defender seus privilégios, até mesmo derrubando Nasser, se necessário. Após cinco dias de uma derrota esmagadora, o anúncio da renúncia de Nasser poderia ter deixado o caminho aberto para os generais darem um golpe e tomarem o poder. Em vez disso, trouxe os egípcios em massa às ruas para exigir o retorno de Nasser, recusando-se a ser intimidados de volta para casa, mesmo quando sua própria força aérea utilizava baterias de armas antiaéreas que iluminavam o céu do Cairo para dispersar as manifestações. Seis semanas depois, no 15º aniversário do golpe, Nasser anunciou que a maior vitória da revolução seria o retorno à vida civil da elite militar que ela havia levado ao poder. "A obstinação da nossa geração em manter as rédeas do poder impedirá a renovação do povo e o surgimento de novos líderes", disse. "Nossa geração forneceu os dirigentes para o período de transição. O que é necessário agora é que outras gerações se apresentem para ocupar seu lugar no governo do país". A conspiração do Exército foi acusada em uma série de julgamentos de altos chefes do Exército, da Defesa e da Segurança; e isso forçou Nasser a tomar o que parecia ser uma

---

[3] Anouar Abdel-Malek, 'The Crisis in Nasser's Egypt", *New Left Review*, 45, September-October, 1966. Ver também Anouar Abdel-Malek. *Egypt: Military Society*. New York, 1968.

decisão de quebrar o poder político dos oficiais e denunciar o papel de liderança corporativa do Exército. Os levantes populares do início de junho haviam dado ao regime, finalmente, o início de uma base alternativa de apoio. Mas não está claro até que ponto o ímpeto das manifestações de junho chegou e se a explosão popular está sendo transformada em poder popular. Se não estiver, um corpo de oficiais, transformado em uma elite com muito do poder do Estado em suas mãos, ainda poderia fazer a revolução social que começou como um golpe de Estado conspiratório. Nesse caso, o Egito será uma demonstração convincente do argumento de que um Exército profissional, por mais radicalmente sintonizado que seja, é intrinsecamente uma força incapaz por si só de criar uma revolução social. Este não foi um movimento popular igualitário, armado, impulsionado de baixo para cima e alistando a população em ação para a mudança. O exército que levou ao poder uma classe média baixa ajudou-a a usar o cargo para fortalecer seus privilégios e bloquear a mudança social distante que, sozinha, poderia construir uma base popular para a revolução social egípcia.

O Exército da Argélia foi visto como um Exército para a guerra de libertação, sua base era o pobre féla e seu corpo de oficiais foi treinado nos objetivos políticos da guerra de libertação. Já foi descrito como o curso da guerra causou um curto-circuito no curso da revolução. O resultado foi fazer do Exército primeiro um concorrente ao poder com a FLN, e depois seu usurpador, mas como uma máquina estatal burocrática, e não como uma frente revolucionária de base popular.

Em 1962, a conferência de Tripoli da FLN adotou um programa que ecoava os objetivos da conferência de Soummam durante a guerra. Criticava a pobreza ideológica da FLN e assinalava que "o amálgama das instituições estatais e dos órgãos da

FLN reduzira esta última a um mero aparato administrativo". Uma nova classe burocrática corria o risco de se desenvolver, alertava. Mas nada foi feito para transformar a FLN, fragilizada por sucessivas crises internas a partir de então. A nova elite burocrática da Argélia nasceu nos anos da vitória, quando os franceses partiram. Houve um êxodo em massa não apenas de colonos, mas também de administradores franceses – embora uma grande proporção de técnicos e especialistas na Argélia, de alto escalão, permanecesse francesa o tempo todo[4] – e para essas vagas surgiram argelinos. Além disso, houve uma disputa pelas propriedades abandonadas dos colonos que partiram: não apenas por terras que foram confiscadas por seus trabalhadores agrícolas, mas também por carros e casas. Um grupo pequeno, mas privilegiado, cresceu rapidamente a partir do triunfo da luta, e em uma época em que a FLN estava se esgotando em disputas internas e fracassando como partido popular de massas dos pobres e oprimidos.

A questão premente para a revolução argelina foi o formato da reforma agrária. A rebelião tinha suas raízes nos félas explorados, e o campesinato era a espinha dorsal do exército de libertação. Mas o formato da reforma agrária não era de modo algum claro. Haveria nacionalização com ou sem indenização? Seria a nacionalização de terras apenas de franceses ou também de argelinos? A terra seria redistribuída entre o pequeno e despossuído campesinato; se formariam cooperativas camponesas,

---

[4] Gerard Chaliand, *L'Algerie: est-elle Socialiste?* Paris, 1964, p. 89, escreveu que em 1963 um número surpreendente de funcionários administrativos do governo argelino era francês ou havia sido treinado pelos franceses. Nos níveis mais altos da administração, 43% pertenciam aos dois últimos grupos, e no segundo escalão superior, 77%. Dos administradores em todas as categorias, Chaliand estimou que 34.097 eram membros da FLN e 35.900 eram administradores franceses ou treinados na França.

em regime de auto-organização ou autogestão; ou as fazendas estatais seriam estabelecidas em um setor nacionalizado?

No Exército, o debate sobre a política de independência foi mais vigoroso do que na FLN, embora não tenha sido levado a público por causa das inibições impostas pelo acordo de Evian. Havia duas tendências principais no Exército: por um lado, havia pressão das fileiras para a distribuição da terra ao campesinato pobre que havia sido espoliado de seu patrimônio próprio; e, por outro, havia um crescente apoio às fazendas estatais no interesse da eficiência e do controle do Estado. Em última análise, a última tendência prevaleceu neste Exército intensamente corporativo e profissionalmente organizado.

O próprio Ben Bella e as forças políticas que se reuniram em torno dele defenderam a autogestão, até porque o controle dos trabalhadores parecia uma forma de desenvolver uma força política no país independente e capaz de se opor ao poder do Exército. Assim, desenvolveu-se, desde o início, um conflito sobre esta questão entre Ben Bella no governo e o Exército. Quando, no momento da independência da Argélia, os latifundiários franceses partiram às pressas para a França, o sistema de autogestão parecia estar de acordo com a realidade. O Estado argelino viu-se com um grande número de fazendas abandonadas para as quais era incapaz de fornecer administradores e controle estatais. A autogestão, a entrega aos comitês de trabalhadores, parecia ser a única resposta, e acabou sendo a apoiada pelo círculo de conselheiros de Ben Bella. Foi uma solução pragmática alcançada quase inadvertidamente durante um período de agitação social e foi promovida por seus defensores como o caminho argelino para o socialismo, apesar de se limitar principalmente ao setor agrário. Mas a autogestão nunca funcionou de verdade. No início, foi reclamada com desconfiança, em parte porque a

Argélia não tinha certeza do que os franceses tolerariam sob o acordo de Evian (e, por anos, as fazendas abandonadas foram conhecidas como *bien-vacants*: à espera), em parte porque o governo de Ben Bella estava dividido em contestar as pressões do governo e em parte porque o próprio Ben Bella hesitou em vez de afirmar uma ou outra política. O exército, no entanto, nunca se conformou com a ideia. Embora os decretos de março de 1963 para o confisco e controle das antigas terras francesas tenham finalmente formalizado a política de autogestão, era então evidente que o setor agrícola estava vacilando, e o Exército, ainda defendendo as fazendas estatais como parte de um setor estatal, poderia acusar o regime de Ben Bella de desperdiçar o patrimônio com políticas antieconômicas e ineficientes.

Trabalhadores rurais, eles próprios envolvidos, e intelectuais radicais, haviam sido conquistados temporariamente para a política de autogestão, mas ficaram desiludidos com seus fracassos e com as restrições impostas a ela. A promessa de Ben Bella de apoio massivo no campo não estava se concretizando; tampouco isso ocorreu via FLN, que permaneceu em princípio como o pivô da formulação de políticas, mas que existia apenas no nome, já que tanto o exército quanto o governo consideravam a mobilização política real como uma perspectiva explosiva demais. Os sindicatos da Union Generale des Travailleurs Algeriens (UGTA) tiveram seus poderes restringidos e foram alienados pelo regime; e, em 1962, Kabyle, a primeira região a se revoltar contra os franceses e a que mais sofreu com a guerra, mas que foi muito negligenciada pelo governo de Argel, irrompeu em revolta aberta sob a liderança de Hocine Ait Ahmed. Enquanto a FLN desperdiçava sua força em disputas internas, o Exército e a administração permaneciam como as únicas forças organizadas. Em 1964, Ben Bella estava em busca de uma base de poder mais firme, mas como a FLN não estava enraizada em uma linha política ou base social firmes, sua ação política se tornou cada vez mais manipuladora. Em 1964-1965, ele precisava, ao estilo bonapartista, encontrar novos aliados, e contemplou diversas estratégias de ação. Uma delas seria conquistar o apoio cabila com a promessa de libertar Ait Ahmed da prisão e reconciliar-se com a liderança cabila. Outra seria fortalecer a FLN, de modo a dar a seus elementos radicais sua liderança na organização política. Ainda outra seria um projeto para uma milícia popular para opor-se ao poder do Exército. Quando Boumedienne se opôs enfaticamente a este último, chegou-se a um acordo segundo o qual a milícia popular seria dirigida pela FLN, mas treinada pelo Exército. (Um membro do Estado-Maior de Boumedienne foi encarregado da milícia, e mais tarde ele se aliou a Boumedienne no golpe contra Ben Bella.)

Em meados de 1965, Ben Bella estava se preparando para encenar um golpe civil, ou político, de sua própria autoria. Isso coincidiria com a reunião da Segunda Conferência Afro-Asiática, prevista para ser aberta em Argel, em 25 de junho. Ben Bella faria um movimento à esquerda, no qual a FLN se transformaria, ao estilo de Cuba, em um partido com firme compromisso orgânico com a esquerda, incluindo o Partido Comunista Argelino, com controles disciplinares mais fortes e com treinamento marxista de suas fileiras e da base. Seria uma mudança decisiva para atender às demandas dos trabalhadores e dos sindicatos; dar à autogestão uma clara vantagem à resistência do Ministério da Agricultura para libertar Ait Ahmed e se livrar de certos ministros de direita no governo. Também eliminaria Boumedienne como chefe do Exército. Seria uma mudança feita por Ben Bella em busca de uma base de poder mais firme, mas que poderia ter aberto possibilidades para uma nova cristalização de forças de mudança social na Argélia.

O golpe do Exército que Boumedienne encenou naquele mês foi um golpe para antecipar o movimento de Ben Bella. Foi um golpe no topo, como teria sido o próprio plano de Ben Bella: porque entre eles, o estado de apatia em que a FLN havia afundado e a natureza manipuladora da política argelina pós-independência haviam efetivamente imobilizado quaisquer iniciativas que não fossem as tomadas pelo Exército ou pelo governo no poder.

Após o golpe, o Exército criou um Conselho da Revolução composto por 23 homens, com Boumedienne como chefe de Estado. Como o regime de Ben Bella antes dele, era um amálgama de indivíduos e interesses; mas o núcleo do novo governo compreendia uma elite empresarial-militar na qual era forte a influência dos ministros Bouteflika e Mideghiri, de tendência conservadora. Este núcleo passou a ser conhecido como o Grupo Oujda. A rede do Exército, já presente nas organizações policiais e de segurança, nos ministérios e nas administrações rurais, consolidou-se com a criação de um novo secretariado executivo da FLN, constituído em grande parte pelo Exército. O papel da FLN foi redefinido como de elaboração, orientação, animação e controle, mas não de supremacia sobre o Estado. O exército deveria ser supremo.

Algumas partes do Exército, no entanto, consideraram que não era o próprio Exército que governava, mas uma facção que trabalhava com o Grupo Oujda, um novo Exército e burocracia do serviço público que governava em nome do Conselho da Revolução, mas sem a participação total dele, que raramente era convocado. Em novembro de 1967, o chefe do Estado-Maior de Boumedienne, coronel Tahir Zbiri (que havia sido nomeado para esse cargo por Ben Bella em um esforço aparentemente frustrado para conter a influência de Boumedienne) moveu tanques para Argel, em uma tentativa malsucedida de derrubar o governo de

Boumedienne. Foi uma reação contra os novos tecnocratas que estavam assumindo a revolução; um protesto contra o controle do Estado por Boumedienne e seus íntimos sem consultar aqueles que venceram a Guerra dos Sete Anos. Eles não haviam planejado, raciocinaram os rebeldes, substituir Ben Bella por Boumedienne; o que queriam era apenas que Boumedienne fizesse o papel de Ben Bella.

O exército começou a afirmar seu papel de liderança na execução da política. Boumedienne deixou claro que a ênfase estaria em um Estado eficiente. O setor público cresceu e, com ele, o funcionalismo público. O debate sobre a seção de autogestão foi resolvido em favor dos tecnocratas, que defendiam o controle estrito do Estado. Parecia que, no final de 1969, a Argélia se desenvolveria nos moldes do Egito nasserista, com o Exército desempenhando o papel assertivo acima de todas as outras forças, mas em aliança com tecnocratas e uma classe média baixa elevada ao poder, ambos verbalmente comprometidos com mudança social de longo alcance, mas tentando alcançá-lo apenas pela iniciativa do Estado. Quanto às nacionalizações conduzidas pelo Estado, foram todas muito bem; mas enquanto um grupo privilegiado fosse capaz de usar seu poder em uma economia controlada pelo Estado para apropriar-se de uma enorme parcela do excedente para seus próprios altos padrões de consumo, a verdadeira crise do subdesenvolvimento permaneceria sem solução.[5]

Houve outra maneira na África; pode haver outra maneira? Talvez isso seja provável apenas onde a guerra de guerrilha é o caminho para a libertação. Assim, paradoxalmente, os últimos países a serem livres – as colônias de Portugal e os poderosos

---

[5] Giovanni Arrighi e John S. Saul, 'Socialism and Economic Development in Tropical Africa', *Journal of Modern African Studies*, 6, 2, 1968, p. 141-69; p. 151.

regimes de dominação branca do extremo Sul –, bem como os já nominalmente independentes, mas que entendem que ainda têm de travar as verdadeiras batalhas da independência – poderão ser aqueles Estados que alcançarão novas estruturas para o desenvolvimento ao construir a revolução enquanto lutam. A guerra de guerrilha, por sua natureza, não pode ser conduzida por lideranças de elite, nem pode ser travada por objetivos de elite; o problema, como a Argélia do pós-guerra viu, será conservar a geração do ímpeto revolucionário na batalha. Na Guiné-Bissau será construída uma administração totalmente nova: Cabral deixou isso claro. O desenvolvimento será baseado no campesinato e não nos privilegiados das áreas urbanas; e o novo Estado emergirá na revolução, conforme corporificado no [Partido Africano para a Independência da Guiné e Cabo Verde] PAIGC, o partido que lidera a batalha e a revolução. Isto está na convicção de que a África pode salvar-se *apenas* por mudanças radicais na sua própria estrutura interna, e por mudanças que tenham uma base popular e apoio popular.

A luta de dependência

Em nítido contraste com os ataques rápidos e incisivos do golpe de Estado está a passividade, e até mesmo o torpor, popular durante e após a ação. Aqui e acolá, greves, manifestações e pressão sindical precipitaram a queda de um governo, mas em nenhum lugar seus iniciadores se mostraram fortes ou persistentes o suficiente para fazer um desafio direto ao poder. No Congo-Brazzaville, no Daomé e em Alto Volta, greves gerais derrubaram regimes impopulares, mas, com exceção do Congo-Brazzaville e apenas temporariamente, os sindicatos simplesmente convidaram os militares a assumir o poder e seu papel diminuiu ou foi apagado com o advento do governo do Exército, ou um novo governo instalado pelo Exército. Os sindicatos ativos parecem ter sido os dos trabalhadores estatais mais bem pagos, incluindo funcionários públicos, e talvez seus interesses não tenham sido tão distintos das formações militar-burocráticas que subiram ao poder por meio do golpe para fazerem pressão contrária. Onde os próprios soldados organizaram golpes de Estado para fins de reforma, mesmo que vagamente elaborados, os golpes foram abortados já no início, como na Nigéria, ou ao longo de alguns anos, como no Congo-Brazzaville, porque os reformadores do Exército não conseguiram encontrar ou criar forças sociais capazes de alterar os padrões da política de elite. Os golpes de Estado ocorrem porque os governos são muito fracos para governar, mas as forças radicais são muito fracas para tomar o poder.[6]

Portanto, se os exércitos bloqueiam as opções radicais ou não estão dispostos a construí-las por conta própria, onde estão as fontes de mudança na África? É possível uma estratégia de revolução social em outras áreas além daquelas como Guiné-Bissau, e o tão atacado sul de Angola, Moçambique, Rodésia e África do Sul, onde Exércitos constituídos não de soldados profissionais, mas de radicais armados estão fazendo a revolução na luta? Pode-se perguntar: é necessária uma revolução social? E a resposta deve ser: para superar a dependência, sim. Pois a dependência está embutida não apenas em controles externos e direção, mas também na ausência, dentro dos novos países da África, de iniciativa popular, participação e produção. Isso não quer dizer que a independência não tenha trazido nenhuma mudança para a África. Mas o desenvolvimento que houve foi

---

[6] Tigani Babiker, 'Military Coups d'Etat in Africa', *Africa: National Social Revolution*, intervenção lida no Seminário Cairo (Praga, 1967).

desequilibrado. O progresso na educação apenas intensificou a crise: pois os produtos das novas escolas tornaram-se mais exigentes, mas a economia não se tornou mais autossustentável. Os apetites cresceram, mas não os meios de subsistência.

Precisamos de um último olhar – breve, mas atento – para o Estado descolonizado.

O conflito em que o golpe de Estado é a resposta mais rápida é sobre fontes de poder muito secundárias. Velhas formas de dependência foram alteradas, novas surgiram. Os colonialismos nacionais abriram caminho na última década para as gigantescas corporações multinacionais. E o objetivo principal dessas corporações não é a exportação de capital para explorar mão de obra barata nas colônias, é concentrar os investimentos em casa, de modo a expandir a produção no país metropolitano e "organizar o mercado como uma colônia".[7] A África, como a América Latina e a Ásia, foi incorporada às estruturas econômicas do novo imperialismo.

> O imperialismo [escreve Gunder Frank sobre a América Latina] não é apenas este ou aquele país estrangeiro explorando as economias latino-americanas, é a estrutura de todo o sistema econômico, político, social, sim, e também cultural, no qual a América Latina e todas as suas partes, por mais 'isoladas' que sejam, se encontram participando como parceiros explorados. O desenvolvimento não pode irradiar do centro (o mundo capitalista) para a periferia (o mundo subdesenvolvido). A periferia, ao contrário, só pode se desenvolver se romper com as relações que a tornaram e a mantiveram subdesenvolvida, ou se puder romper o sistema como um todo.[8]

---

[7] Ver a publicação do Grupo de Pesquisa sobre África, *The Other Side of Nigeria's Civil War*, para o papel das corporações estadunidenses.
[8] A. G. Frank, *Capitalism and Underdevelopment in Latin America*, New York, 1969.

Em 1965, na metade da década de desenvolvimento, a ajuda havia atingido o ponto em que os países pobres tomadores de empréstimos estavam transferindo para seus doadores ricos mais pelo serviço dos empréstimos existentes do que recebiam nos novos. Em apenas cinco anos de independência, a drenagem da África havia começado, e a África pouco pode fazer a respeito. Quando aumenta as exportações de produtos primários, os preços tendem a cair no mercado mundial. Quando tenta se industrializar, os países ricos e industrializados impõem restrições à importação de produtos industrializados de origem africana. Ajuda não é a resposta; ela apenas aprofunda a dependência. Quanto à industrialização, as corporações multinacionais estão diretamente envolvidas no desenvolvimento econômico que ocorre nos novos Estados, e sua presença aprofundou a dependência estrutural das economias africanas separadas dos centros capitalistas avançados de produção. As indústrias pesadas permanecem ausentes, as indústrias que se desenvolvem são para bens de substituição de importação. A fragilidade estrutural das economias africanas torna-as dependentes das receitas em divisas da exportação de produtos primários.

> Com exceção dos países produtores de petróleo e de produtores de certos metais, as economias subdesenvolvidas que dependem das vendas de produtos primários experimentaram, desde o fim do *boom* da Guerra da Coreia, uma desaceleração na taxa de crescimento dos rendimentos totais. No caso da África Tropical, enquanto o valor das exportações aumentou cerca de 55% entre 1949 e 1955, aumentou apenas 15% entre 1955 e 1960, e, ultimamente, a situação provavelmente tenha piorado. Como a África Tropical é essencialmente um produtor agrícola, embora sua posição mundial seja mais forte em minerais, é seguro supor que uma expansão constante e rápida das exportações no futuro é altamente improvável. Alguns países individuais, com importantes jazidas minerais, representarão, é claro, a exceção à regra geral. As importações, por

outro lado, têm crescido mais rapidamente do que as exportações, pelo que, nos últimos anos, parece não haver excedentes na balança comercial da África em seu conjunto. Quando os rendimentos de investimentos pagos no exterior, assim como os 'serviços', são tomados em consideração, a África Tropical apresenta um déficit considerável em conta-corrente.[9]

Esses dilemas de desenvolvimento têm sido comuns aos Estados africanos, quer eles tenham professado alguma forma de socialismo científico, quer tenham se contentado em não oferecer nenhuma receita. Mesmo na Costa do Marfim, imersa no capital francês e na política externa francesa, e reivindicando um milagre econômico de proporções da Alemanha Ocidental, a estratégia de crescimento econômico baseada em laços estreitos com o capital internacional ilumina o dilema africano. Ano a ano, tem havido uma balança comercial favorável, mas a imagem é de prosperidade francesa na Costa do Marfim, não de prosperidade africana, pois o *boom* econômico deixou a grande maioria dos marfinenses intocada. Em 1965, os fundos privados transferidos para o exterior totalizaram o dobro do total de ajuda externa e capital privado que entraram no país. A ajuda da Costa do Marfim à França está ganhando impulso.[10] As economias africanas podem até crescer sob o incentivo das corporações, mas a dependência se aprofundará, porque suas políticas não são direcionadas ao crescimento autossustentável da África.

A nova fase de dependência estabeleceu os dilemas econômicos do Estado recém-independente, mas também moldou as formas políticas internas. Burguesia e campesinato, operário e

---

[9] Giovanni Arrighi, 'International Corporations, Labour Aristocracies and Economic Development in Tropical Africa', *Ideology and Development: Essays in the Political Economy of Africa*, G. Arrighi e J. S. Saul.
[10] Samir Amin, *Le Developpemenr du Capitalisme en Cote d'Ivaire*, Paris, 1967.

escriturário, burocrata e desempregado: que papéis eles desempenham enquanto o Exército sai dos quartéis para o governo?

Com o subdesenvolvimento de suas economias, acabou a limitação da burguesia africana, sua classe capitalista nativa. As economias da África aderiram ao capitalismo moderno tarde demais, em sua velha era de monopólio, para obter boas ações ou bons assentos. A burguesia na África não é a classe dominante que é na Europa e na América. O desenvolvimento industrial ocorrido é resultado de capital estrangeiro, tecnologia estrangeira, iniciativa estrangeira. À sombra das corporações, o crescimento da burguesia africana foi atrofiado e vacilante. Uma burguesia comercial local cresceu nos negócios de importação e exportação e especulação imobiliária, mas o empresário africano depende do patrocínio da corporação, da qual ele se torna intermediário, ou do Estado africano, pois o capital é acumulado lenta e dolorosamente, a menos que resulte de fontes estatais. As tão faladas contradições fundamentais entre os papéis da burguesia "nacional" e da burguesia "compradora" provaram ser, em grande parte, um mito; nenhum ramo da família cresceu em influência ou tamanho decisivo, muito menos em domínio.

Se as novas formas de dependência limitaram o crescimento da burguesia africana, fizeram o mesmo com a classe trabalhadora. Arrighi[11] produziu descrições irrefutáveis da pequena e atrofiada classe trabalhadora, mas ainda mais significativamente, uma análise convincente da tendência que continuará a bloquear seu crescimento. Em toda a África Tropical, apenas 11 em cada 100 membros da força de trabalho têm emprego assalariado; e isso inclui o trabalho migrante, de modo que o proletariado propriamente dito é ainda menor. Em todas as

---

[11] Arrighi, *op. cit.*, p. u-20, versão mimeografada.

partes, o governo é o maior empregador de mão de obra. Na Nigéria, por exemplo, quatro em cada dez assalariados são típicos trabalhadores de colarinho branco, tais como professores, vendedores e funcionários de escritório. Nos últimos 10 a 15 anos, o emprego assalariado tem estado relativamente estático na África Tropical.[12] Em alguns países, de fato, a classe trabalhadora encolheu nos empregos na indústria manufatureira e de serviços.[13] Majhemout Diop escreveu sobre o Senegal: "Pode ser afirmado que, enquanto uma nova política econômica e industrial não for introduzida, a classe trabalhadora senegalesa se desenvolverá muito lentamente". Ele sugeriu que essa classe trabalhadora fosse chamada de pré-proletária; ela carece das características notáveis de um proletariado propriamente dito.[14] Samir Amin afirma[15] que, porque a urbanização não foi acompanhada pela industrialização, as massas urbanas populares das cidades africanas, de rápido crescimento, não se tornaram um proletariado. A pequenez, o crescimento lento e a pesada composição de colarinho branco da classe trabalhadora na África não é acidental, decorre das políticas de investimento intensivo em capital das corporações internacionais.[16] Estas exigem relativamente menos mão de obra, que é correspondentemente mais bem paga, e também uma composição diferente da força

---

[12] *Ibid.* Ver a tabela de Arrighi elaborada a partir de várias estatísticas governamentais.

[13] *Ibid.*

[14] Majhemout Diop, 'Structure and Position of the Working Class in Senegal', versão mimeografada da intervenção apresentada no Seminário Cairo, outubro de 1966.

[15] 'The Class Struggle in Africa', originalmente publicado em *Revolution*, 1964, n. 9, assinado anonimamente como XXX, reimpresso em 1969 pelo Grupo de Pesquisa de África, Cambridge, Mass.

[16] Arrighi, *op. cit.*

de trabalho. Assim, argumenta Arrighi, a classe trabalhadora da África se divide em dois estratos principais. O primeiro consiste nos trabalhadores que herdaram os salários coloniais e vivem um estilo de vida de classe média. O segundo é formado pelos estratos inferiores, próximos ao campesinato e de cujas fileiras saíram quando foram expulsos da terra no êxodo rural maciço provocado pelo colonialismo; eles nunca foram totalmente incorporados à economia urbana, mas constituem a população de subempregados e mal pagos, ou totalmente desempregados, das favelas urbanas. Na opinião de Arrighi e Saul, esses estratos inferiores pertencem realmente ao campesinato (e existem em parte fora da economia assalariada). A pequena minoria do estrato superior, por outro lado, ganhando de três a cinco vezes mais, está mais próxima das elites e subelites no emprego burocrático; esta categoria combinada é chamada por ele de "aristocracia operária". O termo, eles sugerem, poderia ser melhorado e a documentação na qual uma análise de classe completa deve ser baseada é claramente incompleta. Mas é crucial escrutinar a sociedade africana para aqueles grupos cujos interesses convergem com a política das corporações; e para aqueles cujos interesses são profundamente antagônicos e forneceriam as forças para uma segunda revolução, para superar a dependência. Segundo o argumento,[17] a base de poder do novo Estado e a estabilidade que ele alcança devem ser buscadas em uma consistência entre

---

[17] Além do artigo de Arrighi sobre corporações internacionais, *op. cit.*, que deve ser lido com dois outros, 'Socialism and Economic Development in Tropical Africa', *Journal of Modern African Studies*, 6, 2, 1968; e 'Nationalism and Revolution in SubSaharan Africa', de Arrighi e John S. Saul, *Socialist Register*, 1969; ver também 'The Concepts Class, Status, Elite in the Analysis of a New-Colonial Economy' de Gavin Williams, artigo lido para o Grupo de Sociologia do Desenvolvimento na Conferência Anual de 1969 da Associação Sociológica Britânica (não publicado).

os interesses das corporações e grupos diferentes dos feudais, latifundiários ou burgueses, que não existem ou são insuficientemente sólidos para constituir a base de poder. É a elite africana, a sub-elite e o estrato privilegiado da classe trabalhadora que devem sua emergência e sua consolidação às políticas corporativas intensivas em capital, que promovem o rápido crescimento da renda dessas aristocracias trabalhistas enquanto restringem a absorção nos setores assalariados do trabalhador migrante ou quase camponês. O que vai superar a dependência e resolver a pobreza? Quem seria resistente a tal política? A África não precisa de políticas intensivas em capital estrangeiro, mas de políticas domésticas intensivas em mão de obra; não o desperdício ou consumo extravagante de poupança, mas seu investimento para acumulação de capital. (Políticas intensivas em capital geradas domesticamente podem ser outra coisa, mas tal escolha é irreal: o desenvolvimento intensivo em capital pode vir neste momento para a África apenas do exterior. Para políticas domésticas intensivas em capital, programas intensivos em trabalho devem ser preparados *in loco*). O excedente que a África produz é repatriado no exterior como recompensa das corporações ou devorado pelas elites. Qualquer tentativa de realocar o excedente e a cota da elite em busca de acumulação primitiva atingiria diretamente as elites que mais se beneficiaram do padrão de crescimento sem desenvolvimento. Eles se esforçariam não para mudar, mas para perpetuar a ordem existente.

Primaveras de mudança

De onde poderia vir a mudança: da insurreição liderada pelos trabalhadores ou dos exércitos camponeses marchando para o poder? O argumento – qual seria o mais revolucionário: o campesinato ou a classe trabalhadora? – tornou-se rígido e obstinado com uma escolha feita em termos absolutos. A que campesinato se refere? Quais são os estímulos para a ação camponesa? Pois, assim como os trabalhadores da África, o campesinato não é tão homogêneo e não diversificado quanto os rótulos nos escaninhos podem sugerir.

Oito em cada dez africanos permanecem como agricultores de subsistência ou de quase subsistência na terra. Estes são os deserdados de Fanon, os condenados da terra; mas, ele também argumentou, eles são a classe revolucionária do continente. Quão deserdados eles são, quão revolucionários? E, como essa é uma questão irreal colocada de forma tão direta, onde, quando e como virá a insurreição camponesa? Pois não se trata de um campo, mas vários. Aqui, o campesinato se levantou e pegou as armas. Lá, parece não oferecer nenhum desafio à autoridade ou à política. E embora seja certo que, se o campo não mudar, nada na África mudará, exceto a mistura de grupos em busca de poder na capital, não é certo que a mudança será induzida apenas ou em grande parte pela ação camponesa. "Somos um país de camponeses", escreveu Amílcar Cabral[18] sobre a Guiné-Bissau, lutando para se libertar do colonialismo português.

> A questão de saber se o campesinato representa ou não a principal força revolucionária é de importância capital. E, no que diz respeito à Guiné, devo responder negativamente. Pode assim parecer surpreendente que baseemos no campesinato a totalidade dos esforços da nossa luta armada. Representando todo o país, controlando e produzindo as suas riquezas, é fisicamente muito forte; no entanto sabemos por experiência o quanto nos custou incitá-lo à luta.

No Quênia, foi o levante camponês dos Kikuyu que iniciou a luta Mau Mau; e os desempregados e condenados das cidades

---

[18] Amilcar Cabral, 'The Struggle in Guine', *International Socialist Journal*, August, 1964.

que a abasteceram e a sustentaram, até que essas ligações entre as favelas urbanas e as florestas foram cortadas e o levante, derrotado. São esses despossuídos que exigirão um acordo com a elite política que subiu ao poder com seu sacrifício e depois os abandonou.

Na África Oriental e Central, quando a administração colonial estava sob pressão durante a década de 1950, ela enfrentava uma revolta camponesa contra os esquemas governamentais de mudança agrária. As pressões do campesinato na periferia foram pelo menos tão importantes para forçar uma mudança na estratégia colonial quanto as demandas da elite no centro.[19] As lutas rurais foram mais incisivas nos países penetrados pelos colonos brancos. A guerra pela independência da Argélia foi travada pelos *wilayas* camponeses, mas foi a elite de classe média que conquistou sua vitória. A luta camponesa é importante. Mas também o é uma ideologia cristalizada e uma liderança para a independência. No Congo, depois da independência, a massa rural nas províncias orientais, onde "o clima nas aldeias refletia um sentimento atordoado de traição"[20] por parte dos políticos, e a agricultura camponesa entraram em declínio catastrófico depois de 1960; a rebelião camponesa estabeleceu um governo alternativo. O ano da rebelião em Stanleyville viu o ataque ao governo da cidade vindo do campo, pois o exército rebelde veio do campesinato; as cidades não caíram de dentro para fora, mas foram capturadas de fora por seus exércitos camponeses. Essa rebelião pode ter sido "um movimento social que tinha táticas revolucionárias, mas carecia de uma estratégia revolucionária",[21]

---

[19] Ver, por exemplo, John Lonsdale, 'The Emergence of African Nationalism', *African Affairs*, v. 67, n. 266, January 1968, p. 24.

[20] Weiss e Markowitz, 'Rebellion in the Congo', *Current History*, April, 1965.

[21] Crawford Young, 'The Congo Rebellion', *Africa Report*, April, 1965, p. II.

e ainda assim foi necessária uma combinação de caças-bombardeiros dos Estados Unidos, o alistamento de mercenários brancos e o lançamento de paraquedistas belga-americanos sobre Stanleyville para derrotá-lo.

O campesinato da África Ocidental é diferente do tipo do campesinato do Quênia, da Argélia e do Congo. Em vastas regiões, não emergiu nem uma aristocracia proprietária de terras, nem uma força agrícola dependente, pois houve pouca desapropriação da terra. A revolução no campo não residirá principalmente na aquisição de propriedades daqueles que têm muito, mas na revolução da produção por aqueles que vivem suas vidas na terra e dela ganham tão pouco, para si ou para a economia. Em geral, o padrão de propriedade e cultivo da terra é baseado na família e na comunidade. Em algumas regiões, a terra foi inserida na economia de mercado e estão se desenvolvendo marcadas desigualdades de riqueza. Mas, em sua maioria, especialmente na África Ocidental, o campesinato não é nem espetacularmente rico nem desesperadamente pobre; em geral, são camponeses de classe média.[22] Na região ocidental da Nigéria, onde as divisões políticas foram refinadas de acordo com as divisões de classe mais do que na maioria das outras áreas da África Ocidental, existem grandes desigualdades de renda, riqueza e propriedade da terra. Uma classe nobre emergiu na terra, assim como um campesinato empobrecido. Mas até agora não houve um confronto acirrado entre os credores da terra e os devedores dos arrendatários, porque ainda não há muito en-

---

[22] Ver os registros do Food and Agriculture Organization para 1956: média *per capita* da estrutura social da África do Sul: camponês rico – mais de 10 hectares – 10%; médios proprietários de terra – 2 a 10 hectares – 60%; camponeses pobres – abaixo de 2 hectares – 30%.

dividamento rural e não há proletariado agrícola sem-terra.[23] O ressentimento camponês expresso em motins fiscais é dirigido ao governo e aos políticos, não à burguesia fundiária; os conflitos, por mais violentos que sejam, permaneceram provincianos e os camponeses não atuaram como uma força social além dos limites de suas próprias comunidades.

O campo foi deixado pelos privilegiados no poder para definhar em sua pobreza, e o campesinato não encontrou, ou utilizou, nenhuma maneira de mudar a política defendida nas cidades. O campesinato está imobilizado para a luta por sua dispersão em pequenas comunidades locais e por estar sujeito à autoridade paroquial, à imprecisão de seu propósito e objetivos políticos e ao fato de que, embora seja o mais pobre e abandonado, o campesinato é, sob muitos aspectos, o menos afetado pela crise. A terra atende às necessidades básicas de consumo, mesmo que sejam lamentavelmente baixas, e quando há uma crise nacional no centro, as periferias camponesas permanecem relativamente intocadas.

Os padrões de dependência da África não mudarão até que seu campesinato se levante, como fez o campesinato da China. Mas pode ser necessária a mobilização dos trabalhadores urbanos e dos pobres desempregados, que são parentes próximos do campesinato, pois é por meio deles que a agitação urbana poderia se infiltrar como rebelião no campo. Em contraste, a pobreza torna-se pobreza; é nas cidades, onde os privilegiados vivem suas vidas ostentosas, que os pobres e os desprezados se tornam mais facilmente insatisfeitos. Procurando as fontes da revolução na Guiné-Bissau, Amilcar Cabral[24] delineou um grupo – "ain-

---

[23] Ver Williams, *op. cit.*
[24] Cabral, *op. cit.*

da não encontramos um termo exato para ele" – composto por jovens recém-chegados às cidades, com contatos tanto urbanos como rurais, que fazem uma comparação entre o nível de vida de suas próprias famílias e o dos portugueses. Foi nas fileiras deste grupo que os primeiros guerrilheiros da Guiné-Bissau foram treinados. Eles lutam contra um inimigo colonial tradicional, é claro. Os caminhos e meios à disposição daqueles que buscam e precisam de mudança na África independente são muito diferentes. Mas os estímulos para a ação de mudança poderiam vir de uma nova base de poder, ligando um campesinato mobilizado com as fileiras organizadas dos despossuídos nas cidades.

Estabelecer o potencial revolucionário de qualquer força na África apenas por uma investigação de tipo genético sobre as origens sociais da liderança ou da base corre o risco de se tornar um exercício fútil de abstração teórica.[25] Em vez disso, deve-se buscar aqueles grupos que compartilham uma dependência e um interesse na perpetuação do sistema econômico neocolonial, seja no longo ou apenas no curtíssimo prazo e devem ser vistos não apenas em tabelas estatísticas, mas também em ação. De quem são os interesses que exigem a preservação da estrutura interna do novo estado? De quem são os interesses que clamam pelo desmantelamento da estrutura? Quem ataca para abrir caminho nas fileiras dos privilegiados? Quem conectará essas forças que podem transformar o estado de dependência?

A totalidade dos partidos políticos da África poderiam ser radicalizados por dentro? Não haveria um papel para oficiais do Exército, ligados a intelectuais revolucionários e uma frente

---

[25] Ver Romano Ledda, 'Problems of Analysis', *Marxism Today,* September 1969; ver também o artigo de Samir Amin, reimpresso pelo Grupo de Pesquisa sobre África, 1969.

popular, como no Sudão, para se juntarem e defenderem a causa da mudança? Estas são questões reais, não retóricas, e têm, essencialmente, de ser colocadas e respondidas na África, onde as condições podem levar a pensar que o continente está maduro para a revolução, mas onde faltam amplamente todos os outros ingredientes: os instrumentos e as perspectivas de mudança.

No Chade, as forças armadas lideradas pelo Frolinat[26] representam não apenas aqueles deixados para perecer na negligência, mas também aqueles que buscam em sua privação um instrumento, se não uma ideologia sustentada, para a mudança. Mas o descontentamento por si só não é suficiente. Esses empregos e privilégios de caça poderiam se dissipar em acrimônia contra seus concorrentes mais bem-sucedidos, por meio de conflitos dentro e em torno da elite, ou poderiam generalizar o protesto social e elevá-lo a patamares significativos de ação por uma alternativa radical. Os desempregados podem ser imobilizados pelo desespero ou podem encontrar a energia do protesto, até mesmo da rebelião. Na África, os governos que ontem foram assediados por desempregados que abandonaram a escola serão no futuro sitiados.

Os desempregados são predominantemente jovens; a "busca" por um emprego tornou-se um modo de vida. As panelas da favela ou das movimentadas vielas da capital não são mais suficientes para alimentar os desempregados que vivem dos subempregados; e os derrotados pela cidade devem se retirar para o campo, do qual saíram não muito antes porque também oferecia muito pouco. Mesmo entre a grande e plástica classe média da

---

[26] A Frente de Libertação Nacional do Chade (Frolinat) foi criada em 1966 e operou principalmente no norte de Al-Kufrah, no sul da Líbia. Visava a derrubada do governo existente e a redução da influência francesa no Chade e uma associação mais próxima com os estados árabes do Norte da África. (N.E.)

África, a frustração pode crescer e fermentar, porque embora as declarações de "estabilidade" proliferem, a vida melhor torna-se cada vez mais elusiva. Para muitos que veem seu lugar entre os privilegiados, o sistema está se fechando. Existem cargos de luxo nas crescentes burocracias governamentais, bancos e escritórios comerciais, mas não para eles. Sua rebelião pode evaporar em acomodação, pois aqueles que protestam contra sua deficiência encontram espaço no topo. Mas a acomodação no topo já está lotada, quanto mais ilimitada. Um pacto entre os intelectuais e os jovens amargurados das cidades que mantinham laços com o campo poderia ser explosivo ao transformar o descontentamento em dissidência organizada.

O reconhecimento da necessidade de mudança está longe da capacidade de realizá-la, mas movimentos políticos disciplinados poderiam, por sua vez, traduzir o desencanto com o histórico da independência da África em um impulso para uma mudança real. Isso não acontecerá, entretanto, até que novas forças tomem a iniciativa da elite privilegiada e dos alpinistas do privilégio, que assim se desqualificaram do direito de governar.

Quanto ao governo dos soldados, por sua natureza, é uma ação de emergência que não pode ter permanência. Os soldados assistem de longe enquanto novos amálgamas de poder interno são organizados. Eles não alcançam alternativas reais, apenas adiamentos de soluções, pois, enquanto a crise e o conflito de dependência estão temporariamente congelados, a "estabilidade" prometida pelos militares reforça a própria dependência.

Se os anos 1950 e 1960 foram os anos de entusiasmo e euforia da independência, os anos 1970 provavelmente serão sóbrios e disciplinadores. Houve falhas de direção não apenas entre aqueles que prometeram um paraíso africano na terra, se fossem incumbidos de administrá-lo, mas também entre aqueles que buscavam uma independência genuína, que tinham uma compreensão débil da realidade africana e das novas corporações e poderes cruciais. O compromisso político dos antigos imperialismos foi concebido e apresentado como uma vitória total sobre eles e a atenção foi desviada, durante a celebração da independência, daqueles elementos dentro da sociedade africana que garantiriam não a oportunidade, mas a impossibilidade de uma nova vida para a grande maioria dos africanos.

Este livro centrou-se na forma do poder dentro da África, não no poder sobre a África exercido de fora pelo capital de investimento, crédito, comércio e diplomacia. Esse será outro livro, e um companheiro necessário para este. Teria que sondar o quão importante esses golpes foram para continuar o controle estrangeiro sobre a infraestrutura econômica do continente. Teria que traçar as relações das corporações multinacionais com os governos africanos, as atividades dos diplomatas e criptodiplomatas, e dos planejadores, técnicos e assessores. Teria que examinar como o governo ocidental e as estratégias de investimento empresarial foram planejadas e implementadas, principalmente pelos Estados Unidos.

Em 1964, o capital dos Estados Unidos investido diretamente na África representava menos de 4% do capital daquele país investido diretamente no exterior. Mas em todo o continente africano, assim como na América Latina e na Ásia, há evidências de crescente envolvimento estadunidense por meio de seu dinheiro. As corporações multinacionais, a maioria delas sediadas nos Estados Unidos, são muito mais ricas do que cada um dos Estados africanos. Na classificação entre os Estados africanos (produto nacional bruto) e corporações (vendas anuais brutas), a Nigéria ocupa o 39º lugar na lista, depois da General Motors, Ford, Standard, Royal Dutch, Shell, General Electric, Chrysler,

Unilever, Mobil Oil e outras. Gana é o 78º, depois da Union Carbide; além da Argélia (61ª) e Marrocos (64ª), não há outros países na primeira centena.

Um porta-voz dos Estados Unidos[27] afirmou:

> As grandes empresas são muito grandes e estão se tornando cada vez mais globais em sua busca por negócios internacionais. É imperativo que tanto as grandes empresas quanto os governos reavaliem suas relações e as ajustem à interdependência existente. Ambos têm um tremendo poder econômico. Mas o Estado-nação é dominante na esfera política e a empresa multinacional tem acesso ao mercado mundial e é dominante na esfera comercial. *Eles precisam um do outro.*

Como eles usaram um ao outro *é* a história contemporânea de poder sobre a África.

Declarações recentes de porta-vozes dos Estados Unidos, incluindo o discurso de Nixon sobre a situação mundial, advertiram os governos africanos de que eles deveriam contar com menos ajuda no futuro e, em vez disso, buscar ajuda nos interesses privados para "desenvolver seus países". A Lei de Ajuda Externa dos Estados Unidos de 1960 deu à luz a uma Corporação de Investimento Privado Estrangeiro (Opic) financiada publicamente, mas controlada de forma privada, para garantir e subsidiar ainda mais os investidores dos Estados Unidos. Na década de 1970, o programa americano de ajuda externa será reorganizado para transferir o controle sobre ele ainda mais explicitamente para as corporações dos Estados Unidos. Um relatório divulgado pela comissão presidencial chefiada pelo ex-presidente do Bank of America recomenda que os Estados Unidos façam mais uso de organizações internacionais como as Nações Unidas e o Banco Mundial para facilitar que os investimentos tenham menos pro-

---

[27] Herbert Salzman, administrador adjunto para Recursos Privados da Agência para o Desenvolvimento Internacional.

blemas políticos.²⁸ O Banco Mundial, em particular, anunciou planos para expandir sua atividade na África.

Em novembro de 1969, uma mesa redonda da Business International teve lugar em Addis Abeba (A Business International é um braço influente de coleta de informações das corporações dos Estados Unidos). As conversas foram sigilosas, afirmou o vice-presidente executivo da Business International, "com a presença de toda a liderança dos países menos desenvolvidos da África, Ásia e América Latina". O jornal *African Development* comentou que

> as informações de bastidores revelam que este é o começo de um novo e grande ataque estadunidense na África [...] A julgar pelas conversas nos corredores, o ataque estadunidense, quando realmente acontecer, terá uma escala sem precedentes. [...] Os estadunidenses estão pedindo um preço mais alto do que os antigos e flexíveis comerciantes coloniais jamais o fizeram.

O Banco Mundial abriu recentemente um escritório na Nigéria, exclusivamente para se concentrar naquele país. A ajuda estadunidense à Nigéria continuou durante a guerra; a Nigéria ainda se beneficia do maior programa de ajuda dos EUA na África e os planos de reconstrução do pós-guerra para a Nigéria foram mapeados nos bastidores de fundações, corporações e firmas de consultoria americanas. Como podem os consultores de economia e investidores dos Estados Unidos não tentar manter e reviver sistemas nos quais os negócios internacionais possam funcionar melhor? O golpe de Estado muitas vezes apresenta a eles a melhor oportunidade. Foi o que aconteceu em Gana, onde o Serviço de Consultoria para o Desenvolvimento de Harvard reformulou a economia. No Brasil, após um recente golpe de

---

[28] Essa nova estratégia de investimento é discutida pelo Grupo de Pesquisa sobre África em *International Dependency* [Dependência internacional].

Estado, um acadêmico universitário norte-americano admitiu, em caráter oficial para o governo brasileiro, ter elaborado o *plano* para a economia. Ele acrescentou que os estadunidenses esperavam por essa oportunidade há anos. É impressionante como o golpe de Estado na África, com raras exceções, como Egito, Sudão e Líbia, converge para a estabilização da situação do capital ultramarino.

O governo da África, nas mãos dos políticos-manipuladores, ou dos governantes-soldados – menos extravagantes, mas infinitamente mais paroquiais –, não é, em geral, tirânico, mas sim desajeitado. Vez após vez, ele faz falsos começos e espalha falsas esperanças. Deve haver condenação, mas também compaixão por aqueles que falavam com tanta ousadia sobre liberdade, mas tinham tão pouca liberdade de manobra. Os soldados iluminam os fundamentos e os fracassos dos novos Estados da África. Aqueles que usurparam o governo para consolidar o sistema político foram levados a revelar abertamente a armadura do poder estatal que os apoia; quanto mais ela é revelada, mais fraca ela se mostra, pois seus suportes essenciais não estão dentro da África, mas fora dela. Quanto aos soldados que se apoderam do governo para reformá-lo ou radicalizá-lo, o seu sucesso ou fracasso dependerá das forças populares para a mudança que eles desencadeiem na África, não na força dos exércitos ou no poder que sai do cano de suas armas.

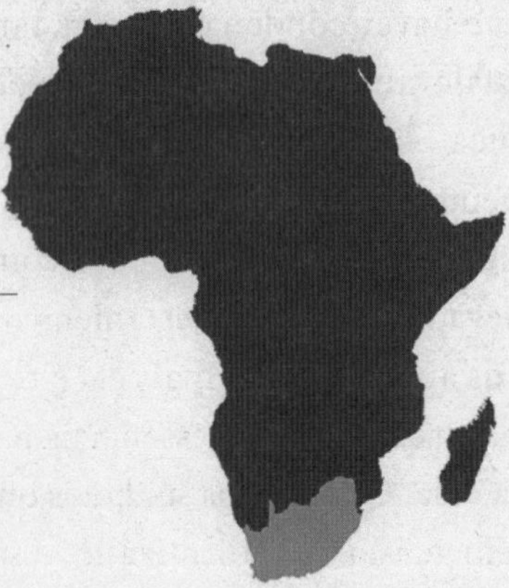

Os limites do nacionalismo[1]

Quando, em outubro de 1973, o Egito lançou a Quarta Guerra Árabe-Israelense, não era Gaddafi, seu parceiro na projetada união entre o Egito e a Líbia, mas o rei Faisal da Arábia Saudita que estava a par desse plano de ataque. Essa provou ser uma guerra limitada com objetivos limitados.[2] Até então, a política de Sadat de tentar persuadir os Estados Unidos a pressionar Israel em termos aceitáveis havia falhado; um sucesso militar no campo de batalha foi calculado para induzir Nixon e Kissinger a impor uma situação mais estável no Oriente Médio. A ofensiva lançada pelo Egito, à qual se juntou a Síria, foi um confronto militar convencional travado por um Exército tecnicamente competente, comandado por uma geração de técnicos treinados e recrutados em universidades, usando táticas convencionais.[3]

---

[1] Traduzido de Ruth First, *Libya: The Elusive Revolution*, Harmondsworth: Penguin, 1974.
[2] Ver Merip Reports, "The October War", n. 22, publicado pelo Middle East Research and Information Project, Cambridge, Mass., para um relato sobre a política por trás da guerra de outubro de 1973.
[3] Segundo o Merip Reports, 22, ibid, sob o comando do general Shazli, cerca de 50 mil estudantes foram integrados na seção de armas eletrônicas do Exército egípcio.

As forças egípcias derrubaram as posições israelenses ao longo da linha Bar Lev, mas depois hesitaram e mudaram para uma estratégia defensiva quando poderiam ter mantido a ofensiva. Até que ponto as considerações militares ou políticas estão por trás dessa tática ainda não está claro. Mas mesmo uma guerra limitada com ganhos limitados foi suficiente para destruir o mito da invencibilidade do Exército israelense e de seu aparato de inteligência. Também quebrou o mito da incapacidade de combate dos exércitos árabes e, o mais importante de tudo, quebrou o clima de fatalismo e imobilismo dentro do mundo árabe. Mas talvez apenas temporariamente, uma vez que as táticas pós-guerra de Sadat provaram ser uma continuação lógica da burguesia e da burocracia egípcias de busca por relações estreitas e amigáveis com os Estados Unidos. A reabertura das relações diplomáticas entre o Egito e os Estados Unidos foi bastante natural, como reconhecimento formal de que o Egito havia entregado a Kissinger seu mandato de negociação na disputa com Israel até então. Simultaneamente, dentro do Egito, as medidas domésticas do regime de Sadat demonstraram que sua diplomacia fazia parte de uma preocupação maior dos governantes do Egito em estabelecer um relacionamento próximo com o capital imperialista.

O capital ocidental e outros capitais privados foram procurados para compor o setor público. Os Estados mais conservadores ricos em petróleo foram convidados a investir. Algumas terras confiscadas foram devolvidas aos seus antigos proprietários. A economia deveria ser "liberalizada" para o capital privado doméstico, aliado ao capital estrangeiro. Os recursos petrolíferos da Líbia, portanto, não são mais a fonte de apoio mais significativa sendo ofertada.

Talvez mais do que qualquer outro no mundo árabe, Gaddafi emergiu como o perdedor da guerra de 1973. Uma vez que Sadat e Faisal conseguiram se unir – e a história das origens e desdobramentos dessa colaboração ainda não foi contada –, Gaddafi e a Líbia se tornaram dispensáveis. A Arábia Saudita poderia oferecer infinitamente mais pressão com recursos de petróleo muito mais vastos do que os da Líbia, e tinha excelentes relações com os Estados Unidos. O impulso de um desejo árabe para o uso combinado da guerra frontal e da arma econômica do petróleo foi fornecido pelo eixo Cairo-Riadh. A Líbia foi deixada de lado. Quando a luta terminou e um cessar-fogo entrou em operação, Gadaffi foi ouvido denunciando-a como uma guerra ridícula e acusando Sadat de traição.[4] (Os palestinos foram de fato colocados à margem do evento, para serem mantidos lá durante as longas negociações, pois a guerra e suas consequências têm cada vez menos a ver com a questão palestina.) Gadaffi recusou-se a comparecer à Cúpula de Argel em novembro de 1973. Ele denunciou Faisal como "um mero comerciante de petróleo". As relações entre o Egito e a Líbia raramente foram piores. Os controles de passaporte foram reimpostos aos egípcios na Líbia, e os egípcios que lá estavam em destacamento oficial foram vistos voltando para casa.

Nesse contexto, a proposta de fusão Líbia-Tunísia de janeiro de 1974 parecia notavelmente um ato de ressentimento por parte de Gadaffi: ignorado pelos árabes a leste, ele construiria uma

---

[4] Gaddafi disse a Eric Rouleau, do *Le Monde*, em 23 de outubro de 1973: "Esta guerra não é minha guerra. Sadat e Assad decidiram e elaboraram seu plano sem meu consentimento, sem me consultar, sem nem mesmo me informar. E, no entanto, nossos três países são membros de uma federação cuja Constituição afirma claramente que a guerra ou a paz só podem ser decididas pelo voto unânime dos três presidentes. Certa vez, apresentei a eles um plano estratégico, mas seus Estados-Maiores decidiram o contrário. Ainda acho que meu plano é melhor [...]. Estou em profundo desacordo com os presidentes Sadat e Assad, até mesmo sobre os objetivos de sua guerra. Para mim, o essencial não é retomar de Israel os territórios conquistados em 1967, mas sim libertar os palestinos, todos os palestinos, do jugo sionista".

união com um país a oeste. Foi um empreendimento ainda mais precipitado e mais mal planejado do que havia sido a proposta de união com o Egito. E colapsou ainda mais precipitadamente, reduzindo ao nível da farsa mais uma tentativa de forjar a unidade árabe de cima para baixo, com uma proclamação presidencial. A unidade árabe, disse o líder da oposição tunisiana no exílio, Ahmed Ben Salah, "não deve ser usada como um sopro de oxigênio para salvar um regime que já está expirando".[5] Ele estava se referindo ao estado de coisas interno da Tunísia. Quanto à Líbia, cada tentativa de unidade abortada serviu para desacreditar sua própria causa. Um mês após o desastre da Tunísia, Gadaffi foi ao Egito para alinhar suas diferenças com Sadat. Seus discursos seguiam tão obcecados com a necessidade de unidade como antes ("Se o Egito cair, toda a nação árabe entrará em colapso"). Mas a essa altura, a credibilidade na capacidade de Gadaffi para manter uma estratégia sustentada havia sido seriamente prejudicada. E, ironicamente, o líder árabe que mais havia pressionado pelo uso do petróleo como arma política foi ofuscado por regimes produtores de petróleo que, até a guerra, haviam demonstrado completa falta de vontade em todas as questões, da Palestina ao petróleo.

O efeito da guerra foi isolar Gadaffi e a Líbia dos eventos políticos do Oriente Médio, fortalecer o regime de Sadat com seus novos aliados e também fortalecer os grupos dominantes nos Estados árabes mais conservadores que, cada vez mais, no período após a guerra de 1973, passaram a liderar os eventos no Oriente Médio. Pois a guerra que iniciou o uso do petróleo como arma política encontrou não só a Argélia e a Líbia dispostas a reduzir

---

[5] Ahmed Ben Salah, "Le Peuple Tunisienen a Assez", Áfrique-Asie, 48, 21 de janeiro de 1974. Ver também Áfrique-Asie, 49, 4 de fevereiro de 1974, p. 113. Salah (1926-2020) foi um político e líder sindical tunisiano.

a produção e a embargar os envios para a Europa e os Estados Unidos, mas também o Kuwait, o Irã e a Arábia Saudita.

Com o tempo – em março de 1974 –, o embargo imposto pelos produtores de petróleo para pressionar a Europa e os Estados Unidos a alterarem sua política em relação a Israel foi suspenso. Mas, a essa altura, ficou claro que o uso do embargo e os cortes na produção durante a guerra faziam parte de uma crise muito maior sobre o controle dos recursos mundiais de petróleo e que o petróleo estava alterando o equilíbrio do poder mundial.

Os Estados capitalistas mais avançados do mundo, liderados pelos Estados Unidos, tiveram que enfrentar o fato de que a sobrevivência de suas economias na década seguinte dependeria de suas importações de petróleo do Oriente Médio, e este é precisamente o período em que os Estados produtores de petróleo estavam ameaçando reduzir a produção em uma política concertada para conservar seus recursos petrolíferos. O embargo, que foi, de qualquer forma, aplicado apenas parcialmente, não foi tão importante quanto os níveis de produção. Os produtores árabes começaram a afirmar seu poder não apenas por meio da insistência em aumentos de preços, mas também pelo seu direito de controlar as taxas de produção.

No mundo do petróleo árabe, as reservas financeiras dos produtores haviam crescido o suficiente para que seus movimentos afetassem os mercados monetários mundiais e o destino das moedas metropolitanas. Em vez do investimento das economias capitalistas avançadas nos Estados petrolíferos subdesenvolvidos, embora ricos, há agora a perspectiva de as classes dominantes desses Estados subdesenvolvidos investirem nas economias do mundo capitalista avançado: um caso de investimento estrangeiro de direção reversa em grande escala.[6]

---

[6] *New Left Review*, p. 1.

O dinheiro do petróleo árabe pode, é claro, ser reciclado de volta para as economias ocidentais por meio de compras de armas em larga escala e importação de alta tecnologia. Daí a visita do rei Faisal a Washington para pedir a ajuda dos Estados Unidos para industrializar seu país e as negociações entre a França e a Líbia. Mas, mesmo com a troca de petróleo por tecnologia ocidental, a crise do capitalismo monopolista ocidental permanece, pois está enraizada no declínio do poder da indústria do petróleo e no recuo do controle ocidental sobre os recursos energéticos mundiais. De Estados-clientes do Ocidente, os Estados petrolíferos provavelmente se tornarão parceiros mais assertivos, forjando no processo laços cada vez mais estreitos entre as economias ocidentais e seus espaços de formulação de políticas e as oligarquias governantes dos Estados petrolíferos mais ricos, aprofundando, ao mesmo tempo, as contradições entre capitalismos competitivos, tanto maduros quanto emergentes.

Baseada na estrutura da indústria, a exploração do petróleo tornou a Líbia parte inescapável do sistema capitalista internacional. Embora grande parte da economia ainda seja flagrantemente pré-capitalista, o modo de produção dominante é o capitalista, ligado a gigantes multinacionais que se baseiam no capital e na administração monopolistas americanos, britânicos e europeus. Apesar de sua grande riqueza, a Líbia é dependente no sentido mais amplo da palavra, fornecendo petróleo bruto para os centros metropolitanos do mundo em troca de produtos manufaturados, alimentos e até mesmo matérias-primas. Subordinados ao capital internacional na economia estão os remanescentes da produção agrária pré-capitalista ou dos anos iniciais do capitalismo, o comércio em pequena escala, um setor embrionário do capital nacional no comércio e na indústria e um crescente setor estatal. O crescimento da economia desde a descoberta do petróleo foi fenomenal, mas ficou restrito a este setor altamente capitalizado e suas subsidiárias diretas, por um lado; e, por outro, ao setor público da economia rentista de Estado, que é o beneficiário direto da parcela líbia na exploração de petróleo. A série de confrontos da Líbia com as companhias petrolíferas são tentativas de renegociar os termos pelos quais os monopólios exploram os recursos petrolíferos do país. O processo ainda está incompleto. É muito cedo para dizer se a Líbia pode alcançar mais do que o controle parcial sobre a exploração e uso desses recursos. Assim, entre as multinacionais e o Estado, há colaboração e, ainda assim, conflito de interesses. Na superfície, há uma intensa hostilidade e um debate constante sobre as escolhas; mas nas entranhas, há uma dependência mútua do petróleo e da estrutura de comercialização do monopólio do cartel, que, por meio de seus subsídios ao Estado – na forma de *royalties* do petróleo –, cria um grande setor público em constante expansão.

Em uma economia petrolífera baseada em tecnologia altamente sofisticada, mais do que em qualquer outro Estado pós-colonial, é ilustrada não uma contradição clássica entre os interesses das burguesias metropolitanas e uma classe dominante nativa, mas uma fonte fundamental de colaboração. Hamza Alavi demoliu o conceito de uma burguesia "nacional" que se presume tornar-se cada vez mais anti-imperialista à medida que cresce, de modo que suas contradições com o imperialismo se aguçam.[7] Isso, ele argumenta, é derivado de uma análise da experiência colonial e não pós-colonial. No Estado pós-colonial, "a relação mútua entre a burguesia nativa e a burguesia metropolitana não é mais antagônica; é colaborativa".

---

[7] Hamza Alavi, "The State in Post-Colonial Societies: Bangladesh and Pakistan", New Left Review, 74, julho-agosto de 1972. Ver também Hamza Alavi, "Bangladesh and the Crisis of Pakistan", *Socialist Register*, 1971, p. 289-317.

É a natureza do Estado pós-colonial que é crucial para a compreensão do papel do regime militar da Líbia. O golpe de Estado é um fenômeno recorrente nas sociedades pós-coloniais de todos os continentes do Terceiro Mundo que não fazem parte do mundo capitalista avançado nem do mundo socialista. O golpe de Estado leva ao poder uma oligarquia militar-burocrática que dirige o país por meio de seu poder sobre a máquina estatal. O aparato do Estado no Estado pós-colonial é herdado da retirada – ou ejeção – do poder colonial. E, pela natureza da sua função pré-independência, de institucionalizar a relação de subordinação da população e da sociedade colonial, é superdesenvolvido. No entanto, após a independência, não é o instrumento de nenhuma classe dominante nativa.[8]

Na Líbia, sob a monarquia, as funções do Estado doméstico eram controladas por uma oligarquia tradicional, vinculada a elementos incipientes de uma nova burguesia sob a tutela direta do poder metropolitano. A tomada do poder não foi tanto uma revolução feita pela pequena burguesia, mas uma que abriu caminho para sua formação mais rápida. Sob o Conselho do Comando Revolucionário, o poder político repousa em um pequeno grupo do Exército que governa por meio de seu controle da máquina estatal em nome de uma gama de interesses de classes sociais domésticas, que não são idênticos, mas que são mediados pelo Estado todo-poderoso e relativamente autônomo. Comparada aos Estados pós-coloniais, em que há interesses concorrentes entre a burguesia nativa, as classes fundiárias, o campesinato, o proletariado e a pequena burguesia, a formação social da Líbia é relativamente simples e o papel do Estado como mediador entre os interesses de grupos em conflito, razoavelmente descomplicado. Não há nenhuma política contra o desenvolvimento de uma burguesia nativa, mas o crescimento dessa

---

[8] Alavi, *ibid.*, p. 72-73.

classe foi e continuará sendo limitado pelos empreendimentos econômicos do Estado e pelo controle dos recursos econômicos do país. Não há nenhuma política contra a aquisição de terras privadas, mas não existe nenhuma classe fundiária poderosa e consolidada. Existe uma classe trabalhadora, mas é muito pequena, e sua organização e ação de classe são controladas pelo governo. Há uma grande parcela da sociedade composta por pobres rurais e urbanos, analfabetos, doentes e subempregados, mas que é patrocinada por um Estado rico em petróleo que distribui seus *royalties* na forma de empregos subvencionados e despesas com assistência social. Há uma grande e crescente pequena burguesia, em sua maioria urbana, que vai desde pequenos comerciantes e lojistas até profissionais, intelectuais e estudantes, e uma enorme camada crescente de funcionários públicos. Nos novos Estados, o advento da pequena burguesia está diretamente relacionado ao aumento do número de funcionários na máquina estatal e no setor público. Em um Estado petrolífero, onde enormes recursos são canalizados diretamente para o Estado, os representantes dessa burocracia administram o uso de um belo excedente nacional e sua alocação. Sob um regime militar como o da Líbia, não é a pequena burguesia que governa diretamente – e uma burguesia nacional é praticamente inexistente –, mas uma facção militar-burocrática que comanda diretamente o poder do Estado. O Exército atua como uma classe dominante responsável por uma economia estatista.

Nos sucessivos países árabes (Egito, Iraque, Síria, Sudão e Líbia), a aproximação da pequena burguesia ao poder perpassou por movimentos de jovens oficiais do Exército. O Exército torna-se não apenas a força dirigente da revolução pequeno-burguesa, mas uma força elevada acima e no controle dela. Os militares no poder são extremamente autoconfiantes e hostis a organizações políticas autônomas, movimentos de massa e até mesmo à vida civil como um todo. Eles medeiam os interesses da pequena burguesia como seus representantes armados, organizados e mais eficientes. Embora não seja uma classe em virtude de sua propriedade do capital e dos meios de produção, eles exercem o poder de decisão sobre os recursos e o uso do capital estatal. A maioria desses regimes praticou extensas medidas de nacionalização e construiu grandes setores públicos da economia. A nacionalização emergiu, em geral, da luta pela independência, tanto no sentido econômico quanto no político; na ausência de uma burguesia nacional dinâmica e independente, essa era uma forma de tentar dar à economia uma base autossuficiente. Mas quando o controle, após a revolução, não se tornou mais acessível para aqueles estratos da população que antes o negavam, tanto o poder econômico quanto o político passaram a acumular-se nas mãos de um Estado que afirmava ser o mediador dos interesses de todas as classes, mas que, na verdade, era relativamente autônomo de todos eles.

Em contraste com a burocracia especializada, os membros do Conselho do Comando Revolucionário da Líbia, os Oficiais Livres e as fileiras do Exército geralmente não são recrutados diretamente da pequena burguesia. Em vez disso, eles brotam dos setores menos favorecidos das zonas rurais no interior e dos estratos subempregados ou menos estabelecidos nas cidades. Mas uma vez no poder, o Exército e seu aliado subordinado, a burocracia, impõem ao Exército, ao Estado e à população a ideologia essencial da pequena burguesia. Isso ocorre em parte porque o desenvolvimento do aparato estatal e sua alocação de recursos formidáveis são acompanhados por um aumento maciço do consumo, mas também porque a revolução liderada pelo Exército, na qual as massas não desempenham um papel autônomo organizado, adota conscientemente a ideologia comum à pequena burguesia do mundo árabe. Porque a pequena burguesia não é uma classe homogênea, mas que oscila entre as necessidades dos pequenos comerciantes, agricultores e funcionários do baixo escalão, muitas vezes próximos das massas, e os interesses dos que estão no topo da pirâmide social e nos melhores empregos – como grandes proprietários de terras e empresários, profissionais, técnicos e altos escalões da administração –, a ideologia da pequena burguesia é essencialmente vacilante e pragmática. Essa ideologia apresenta mudanças constantes de ênfase, refletindo o estado de mudança de interesses dentro desta grande e amorfa classe. Mas ela procura, consistentemente, não afirmar os interesses de classe dentro da sociedade, mas sim reconciliá-los. A "burguesia não exploradora" é chamada a lutar pelo socialismo como qualquer outra classe. A ênfase está na necessidade de um equilíbrio entre exploradores e explorados. A reconciliação de interesses mutáveis é feita sob a égide do Estado e por meio de políticas iniciadas e administradas pelo Estado. Mesmo assim, a União Socialista Árabe está organizada não como uma aliança de interesses de classe, unidos pelos mesmos objetivos, mas como uma coleção de indivíduos que têm o direito de se expressar como indivíduos, mas não como representantes de qualquer classe. Gadaffi insiste que a União Socialista Árabe Líbia não permitirá nenhuma manifestação de luta de classes. Isso deve ser controlado pelo Estado.

O que leva a outra característica dessa ideologia: uma desconfiança nas massas e em sua ação autônoma. O teórico baathista Michel Aflaq afirmou que seu movimento representava "toda a nação que ainda está adormecida, ignorante de sua realidade, inconsciente de sua identidade, esquecendo suas necessidades. Nós o precedemos, portanto o representamos".[9] Esta é precisamente a visão de Gadaffi sobre o papel de seu próprio grupo em seu

---

[9] Michel Aflaq (1910-1989) foi um teórico político, jornalista e político sírio que cofundou o Partido Árabe Baath.

país e em todo o mundo árabe. Essa tutela da nação encontra expressão nos métodos de trabalho e no estilo da política, uma vez permitidos. Os instrumentos políticos são criados de cima para baixo; quaisquer outros existentes são dissolvidos. A organização popular não é para exercer o poder ou a iniciativa popular, mas como instrumento de mobilização do Estado e de coleta de informações. A demagogia populista é passional, mas disfarça a manipulação do povo pelos instrumentos cuidadosamente elaborados do Estado.

A nação árabe, afirmou Gadaffi, dispensa lutas de direita ou esquerda em seu território. Isso não quer dizer que o Estado medeia como neutro ou que todas as ideologias são iguais. A rejeição de qualquer concepção da estrutura de classe da sociedade e das fontes de conflito levou à rejeição do papel independente das classes despossuídas, trabalhadoras ou semicamponesas da terra ou do setor moderno.

A procura de uma terceira via entre capitalismo e socialismo e a rejeição das ideologias destes sistemas conduz também à procura de raízes mais "autênticas". O socialismo islâmico é o resultado inevitável por diversas razões. Em primeiro lugar, expressa uma genuína rejeição às imposições do Ocidente imperialista. Em segundo lugar, a doutrina religiosa já influencia profundamente vastas massas populares, especialmente nas áreas rurais. E em terceiro lugar, o *ethos* islâmico prega a igualdade de todos os crentes, independentemente de riqueza ou ocupação. O Islã como ideologia e conjunto de regras para a organização da vida social inibe o surgimento de uma visão de classe. O Islã também fornece uma linguagem na qual as interações rituais e simbólicas ignoram deliberadamente a estrutura social e econômica ou minimizam seu significado. Em vez disso, a ênfase é colocada no valor de pertencer a uma comunidade, e a comunidade é a de todos os crentes.

Embora a Líbia de Gadaffi abomine a direita organizada tanto quanto a esquerda organizada, e a Irmandade Muçulmana seja colocada em pé de igualdade com o marxismo, sua composição ideológica própria de nacionalismo, religião e reforma social serve para abrir caminho para a mensagem da Irmandade, assim como João Batista o fez para Cristo. A atração da irmandade religiosa é invariavelmente mais forte nos países que foram menos movidos pela revolução social e pela organização de classe. A Líbia é um terreno fértil ideal para a crença dos Irmãos Muçulmanos e uma fonte de inspiração para os seus homólogos no Egito, reagrupando-se visivelmente sob a política de conciliação da direita de Sadat e estimulada pela afirmação política do Islã pelos estados reacionários do mundo árabe.

Mas, seja qual for a mudança na política interna da Líbia, o molde político e econômico no qual ela se projeta como um Estado rentista do petróleo com um sistema político corporativo administrado pelo Exército, fez com que fosse muito difícil que mudanças políticas de curto prazo alterem essa forma significativamente.

Como seus homólogos militares em vários outros países do Terceiro Mundo, o regime militar líbio tem planos ambiciosos para desenvolver a economia e mais meios do que a maioria. Mas a abordagem do desenvolvimento é característica desse estilo de planejamento estatista e tecnocrático. O Estado intervém ativamente na produção e a domina. O planejamento e a execução ficam a cargo de técnicos e especialistas. As massas populares devem ser beneficiárias do paternalismo autoritário; *não deve haver nenhuma participação ou mobilização vinda de baixo.*

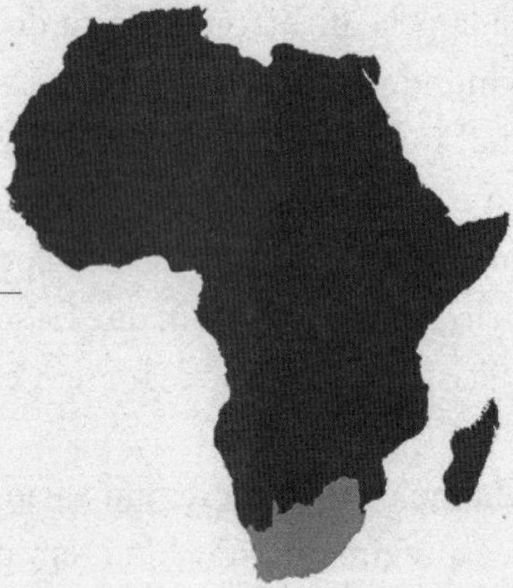

Os mineiros moçambicanos: um estudo sobre a exportação de mão de obra[1]

A utilização da colônia de Moçambique como reserva de mão de obra, exportando-a para além de seu território e alimentando os centros de acumulação de capital sul-africano, é uma das características dominantes da colonização portuguesa de Moçambique em finais do século XIX e ao longo do século XX. É também uma continuação do caráter dependente do colonialismo e do capitalismo português ao longo da sua história.

Uma periodização detalhada da ocupação portuguesa de Moçambique ainda não foi produzida.[2] Mas já é claro que, a partir do século XV, as atividades do capital mercantil português, por meio do comércio de ouro, depois de marfim e depois de escravos, não

---

[1] Trecho de "Os mineiros moçambicanos: um estudo sobre a exportação de mão de obra" (1977), elaborado no Centro de Estudos Africanos da Universidade Eduardo Mondlane em Maputo. Retirado do projeto Ruth First Papers em www.ruthfirstpapers.org.uk.

[2] Estas observações sumárias sobre a periodização do colonialismo português em Moçambique baseiam-se em um seminário apresentado no Centro de Estudos Africanos por Nogueira da Costa e Luís de Brito, em abril de 1977. Para o período posterior (ver adiante), este material baseia-se em um rascunho de documento de Luís de Brito, "O colonialismo português desde os finais do século até 1930". Trabalho sobre a periodização da industrialização moçambicana: D. Wield, "Some Characteristics of the Mozambican Economy, Particularly Relating to Industrialization", Working Paper, Centro de Estudos Africanos. Maputo: UEM, 1977.

foram capazes de alimentar processos de acumulação primitiva que consolidariam uma formação social capitalista e uma burguesia metropolitana portuguesas. Ao contrário, a fragilidade de Portugal no sistema mundial e sua sujeição a uma concorrência internacional desigual bloquearam a sua transição do capital mercantil para o capital industrial.

Assim, em Moçambique, no período entre 1785 e 1870, o Estado português ocupara-se da cobrança de direitos aduaneiros ao longo da costa e da monoexportação de escravos. Em 1870, no auge da rivalidade imperialista pelo poder na África e da consolidação do imperialismo britânico na região da África Austral, Portugal só podia explorar suas colônias de forma desigual e por procuração.

Do mesmo modo, no período das Companhias Majestáticas, Portugal delegou sua exploração colonial no norte de Moçambique a capitais britânicos, franceses, alemães e outros. Sob o sistema de Companhias Majestáticas, o governo português arrendou grande parte de Moçambique, concedendo ao capital privado estrangeiro a administração de grandes extensões da colônia. Assim, a Nyassa Company, fundada em 1891 com capital predominantemente alemão, tinha jurisdição sobre uma área de 190 mil km^2. A Mozambique Company, constituída no mesmo ano por capitais britânicos e franceses, detinha uma concessão de 155 mil km^2. E a Zambesi Company, fundada em 1892 com capital francês, e outras, como a Société du Modal, de 1904, e a britânica Sena Sugar Estates, constituíam um setor significativo da presença colonial.

Internamente, a economia portuguesa era arcaica e falida. Nas colônias, a escassez de capitais portugueses resultou em uma forte dependência dos capitais britânicos, europeus e, posteriormente, sul-africanos. Isso significava que o sistema colonial português carecia de capacidade para valorizar os recursos econômicos e de mão de obra da colônia. No passado, os escravos não eram utilizados para a produção, mas para a venda, como mercadorias de exportação. Os *prazos*, longe de serem propriedades agrícolas, foram, na verdade, instalados para garantir a circulação de mercadorias em regiões atravessadas por rotas comerciais.[3] Assim, com a virada do século XIX, a presença física mais segura de Portugal no Sul – após a derrota, em 1895, do estado de Gaza – levou, em menor medida, apenas à organização de formas de exploração do trabalho dentro da colônia. A resposta imediata à derrota da rebelião de 1897 foi lucrar com a exportação de mão de obra, pois essa era a época do estabelecimento e rápido crescimento inicial da indústria de mineração sul-africana. Isso ditou a cooperação até o final com a economia sul-africana.

Começando um pouco antes, mas cada vez mais rápido depois de 1945 – e particularmente em 1954 –, a capital portuguesa em Moçambique cresceu. Esta capital era dominada pelos grandes grupos monopolistas que vinham exercendo uma influência crescente sobre o Estado português. Ao mesmo tempo, esses interesses monopolistas ampliaram sua presença, mas abriram as colônias para uma nova fase de entrada de capital estrangeiro. O período foi de crescente industrialização, mas uma industrialização dominada pelo setor exportador e com ênfase nas demandas de consumo de uma população cada vez maior de colonos.

A perda de espaço de Portugal na economia moçambicana nas décadas de 1960 e 1970 iluminou as duas características centrais

---

[3] Os prazos eram as propriedades feudais adquiridas por colonialistas portugueses e comerciantes e soldados de Goa para explorar os recursos naturais. Formaram a base da colonização portuguesa e da expansão colonial entre os séculos XVI e XVII.

desta, que têm sido consistentes ao longo das fases históricas do colonialismo português:
1. A contínua dependência do capital estrangeiro.
2. O papel de Moçambique como uma economia de serviços na região da África Austral; estes serviços compreendiam a provisão de ferrovias e instalações portuárias para exportações e importações da África do Sul e da Rodésia e, em particular, a função de Moçambique como uma área de suprimento de mão de obra.

A estrutura colonial da economia moçambicana resultou, pois, de uma dupla dependência. Por um lado, era produto da dependência de uma economia capitalista relativamente atrasada constituída pela potência colonial portuguesa. Por outro, estava subordinada às necessidades do complexo econômico da África Austral. Esta última integração tornou-se cada vez mais o aspecto predominante da estrutura da economia colonial moçambicana. As forças produtivas de Moçambique foram moldadas não de acordo com as necessidades do desenvolvimento capitalista em Portugal, mas de acordo com as necessidades da acumulação capitalista na África Austral. Portugal desempenhou o papel de rentista, obtendo sua principal fonte de renda do comércio invisível e especulando sobre a venda da mão de obra de sua força de trabalho africana.

Um sistema de dois Estados

Com o estabelecimento da indústria de mineração de ouro em Witwatersrand, a exportação de mão de obra de Moçambique passou a ser organizada em uma escala imensa e sistemática. Antes disso, a mão de obra moçambicana havia migrado para as plantações de açúcar de Natal e para as minas de diamantes de Kimberley, mas esse fluxo de mão de obra ocorreu antes que o Estado colonial português estabelecesse seu domínio sobre o sul de Moçambique – ou seja, ao sul do Rio Sabi. A revolução da mineração na África do Sul exigiu pesados insumos de capital, bem como suprimentos grandes e contínuos de mão de obra barata. Dentro da África do Sul, os interesses da mineração de ouro intervieram ativamente na política do Estado para criar uma força de trabalho barata e controlada, a partir da qual a rápida acumulação de capital pudesse ser garantida. Ao mesmo tempo, a indústria de mineração explorou territórios ao norte da África, e até mesmo na China e outras partes da Ásia, em busca de formações sociais onde o trabalho assalariado ainda não havia se generalizado e onde formas de mão de obra barata pudessem ser encontradas.

Moçambique provou ser uma área crítica de oferta de mão de obra nos anos de formação da indústria de mineração de ouro. As bases dessa indústria coincidiram com a derrota de Gugunyana em 1895, a subordinação do estado de Gaza e a imposição, em grande parte do sul de Moçambique, de um governo militar sob o qual foram usadas medidas duras e punitivas para arrecadar impostos e manter a ordem.[4] Agora, a presença colonial portuguesa podia estender-se para além das áreas arrendadas do norte, para além das feitorias de Inhambane e do forte de Lourenço Marques,[5] e estava aberto o caminho para a administração portuguesa cooperar com os interesses mineiros

---

[4] O reino de Gaza foi inicialmente estabelecido em Moçambique na década de 1830 por Soshangane, o general Ndwandwe que fugiu da Zululândia (leste da África do Sul) após sua derrota nas mãos do rei Zulu Shaka. Ngungunyane, neto de Soshangane, foi o último governante do estado de Gaza, e detinha territórios no que hoje é a África do Sul, Zimbábue e Moçambique. Ele liderou uma rebelião contra o domínio português em 1895, e foi derrotado. (N.E.)

[5] Lourenço Marques foi a capital sob o domínio colonial português até a independência em 1975, quando foi renomeada para Maputo.

sul-africanos, enviando mão de obra para eles e lucrando com esse comércio de mão de obra.

Essa cooperação foi institucionalizada em tratados de Estado para Estado para a venda da força de trabalho. A indústria mineira precisava de acordos duradouros e sustentados para obter mão de obra africana barata. O Estado colonial português contava com uma fonte contínua de receitas e com a ajuda na construção e manutenção das infraestruturas do território.

O êxodo da mão de obra moçambicana para as minas foi oficialmente formalizado pela primeira vez em 1897. O *Regulamento* desse ano constituiu o primeiro de uma série de acordos internacionais com as autoridades sul-africanas.

A exportação de mão de obra foi, portanto, desde 1897, formalmente organizada e controlada pelas partes contratantes dos dois Estados. O governo colonial português tinha uma renda garantida com o tráfico de mão de obra. Essa renda garantida, por sua vez, deu ao Estado colonial um interesse duradouro em continuar e ampliar o comércio de mão de obra.

Foi a existência de vastas áreas de captação de mão de obra que permitiu às mineradoras, operando por meio de seu aparato monopolista de recrutamento de mão de obra, forçar reduções nos salários dos trabalhadores mineiros nos primeiros anos da indústria, minar a resistência dos trabalhadores africanos na África do Sul a essas reduções e a manter, consistentemente, baixos níveis de salários ao longo de décadas.

Por que trabalho migrante?

Durante um período prolongado, portanto, o excedente gerado por Moçambique na forma de trabalho vivo foi exportado para a economia sul-africana e aí acumulado como capital. O processo produziu o desenvolvimento marcadamente desigual característico do subsistema da África Austral.

Na África do Sul, o desenvolvimento da indústria mineira – pedra angular do capitalismo sul-africano – consistiu em um rápido processo de concentração e centralização do capital. Esse capital foi acumulado com base em um sistema de mão de obra migrante proveniente da região mais ampla da África Austral. A monopolização inicial da indústria mineira criou as condições para o estabelecimento de um controle monopolista cuidadosamente planejado e institucionalizado do recrutamento de mão de obra migrante. Esse monopólio foi fortalecido por acordos de Estado a Estado, com os Estados fornecedores sendo utilizados para garantir a estabilidade e a reprodução contínua dessa força de trabalho. Assim, o sistema de mão de obra migrante constituiu e continua sendo a base da acumulação de capital na indústria de mineração.

Podemos apenas, portanto, compreender plenamente a particularidade do capitalismo sul-africano analisando o sistema de mão de obra migrante, pois esta é a natureza específica da exploração da força de trabalho nesse sistema.

Já existe uma literatura considerável sobre as origens e o desenvolvimento do capitalismo sul-africano e, como parte central, sobre o papel e a importância da mão de obra migrante como pedra angular dessa forma particular de acumulação de capital. Não é nosso objetivo aqui resumir ou entrar neste debate, mas sim tentar apresentar brevemente alguns dos argumentos essenciais sobre porque a mão de obra migrante constituiu a fonte da acumulação de capital nesta indústria.

Como Marx demonstrou em sua análise do capital, o desenvolvimento do capitalismo, em essência, consistiu no processo histórico da criação do proletariado. Assim, criou-se uma classe de pessoas totalmente divorciada dos meios de produção e sem opção senão transformar sua capacidade de trabalho – sua força de trabalho – em mercadoria para ganhar a vida. Para assegurar a reprodução contínua da classe trabalhadora, o valor da força de trabalho deve ser tal que permita não apenas a reprodução da capacidade de trabalho do trabalhador no dia a dia, mas também a reprodução de sua família (uma vez que seus filhos constituem os futuros trabalhadores). Assim, em outras palavras, o valor da força de trabalho é determinado pelo valor das necessidades básicas que o trabalhador e sua família precisam para fornecer a força de trabalho presente e futura. Segue-se que a mais-valia apropriada pelo capitalista é limitada, por um lado, pelo valor produzido pela força de trabalho e, por outro, pelo valor da força de trabalho. Historicamente, a burguesia sempre tentou reduzir os salários dos trabalhadores abaixo do valor da força de trabalho e o fez por meio do prolongamento excessivo da jornada de trabalho, do trabalho pesado de mulheres e crianças etc. Porém, inevitavelmente, tais tentativas entraram em contradição com a necessidade de reproduzir continuamente a classe trabalhadora. Somente por meio da redução do valor da própria força de trabalho, resultante do aumento da produtividade do trabalhador, o capital poderia buscar sua expansão sem ameaçar esgotar sua fonte de vida.

A expansão imperialista do capital e sua consequente integração das nações oprimidas na divisão internacional do trabalho, moldada pelas exigências do capital financeiro, relegou a produção de matérias-primas baratas às massas trabalhadoras das nações oprimidas. Assim, por exemplo, a África do Sul tornou-se um centro da indústria de mineração de ouro dentro da divisão internacional do trabalho.

Essa indústria exigia a formação de uma classe trabalhadora, com um caráter muito específico. Foi criado um sistema de mão de obra migrante que se distinguiu da classe trabalhadora das sociedades capitalistas desenvolvidas não por migrar por longas distâncias, mas principalmente porque essa classe de trabalhadores nunca foi completamente divorciada de sua propriedade dos meios de produção. O trabalhador migrante continuou a possuir terras e instrumentos de produção e, portanto, continuou a ser capaz de produzir parte de suas necessidades de subsistência derivada desses meios de produção. Isso permitia ao produtor capitalista comprar a força de trabalho desse trabalhador camponês abaixo de seu valor. Como parte das necessidades de subsistência, do trabalhador e de sua família, esta continuava a ser produzida a partir de sua base camponesa, que permanecia fora da esfera da produção capitalista. Assim, as formas pré-capitalistas de produção foram feitas para subsidiar a acumulação de capital, permitindo a extração de mais-valia adicional resultante da compra de força de trabalho abaixo de seu valor.

Obviamente, tal sistema só pode operar se o processo de produção, distribuição e consumo inerente à formação social pré-capitalista for parcialmente quebrado para gerar trabalho excedente a ser fornecido na forma de trabalho migrante para as minas. Essa destruição parcial dos modos de produção pré-capitalistas foi inicialmente alcançada pelo uso de meios coercitivos extraeconômicos, como a apropriação das melhores terras, relegando a população a reservas de terras onde a base produtiva é insuficiente (por exemplo, o Bantustão sul-africano); a imposição de impostos; e trabalho forçado, bem como por meios econômicos, como a destruição de "artesanato nativo" devido à importação de mercadorias (por exemplo, *capulanas* [tecido africano de algodão], enxadas e outros instrumentos de produção).

O enfraquecimento da base econômica da sociedade camponesa devido à extração de força de trabalho aí existente, por um lado, e a criação de novos hábitos de consumo, por outro, transformaram gradualmente o sistema de mão de obra migrante em um sistema que se autorreproduz e que é derivado da necessidade econômica. Assim, quanto ao primeiro, a mudança na divisão do trabalho entre homens e mulheres na economia camponesa (os homens sendo liberados para o trabalho assalariado), o acesso reduzido à terra em alguns casos e a dependência da compra de instrumentos de produção como mercadorias, tudo isso bloqueou o desenvolvimento das forças produtivas e tornou essas comunidades dependentes da renda do trabalho migrante. Quanto a este último, os novos hábitos de consumo – entre os quais a burguesia induziu conscientemente o alcoolismo para garantir uma classe trabalhadora dócil e viciada – não tiveram papel menor, assim como a introdução de têxteis e outros bens de consumo, que aumentaram a dependência da renda do trabalho migrante. Assim, o capital foi acumulado com base em modos de produção pré-capitalistas parcialmente destruídos e parcialmente reproduzidos. O último subsidiou o primeiro e, portanto, permitiu que mais-valia extra pudesse ser extraída.[6]

---

[6] Existem muitos estudos sobre esse processo na própria África do Sul e em outras áreas de oferta de mão de obra da África Austral. Assim, Colin Bundy em "The Emergence and Decline of a South African Peasantry" escreve: "Grande parte da história da África do Sul gira em torno da transição da maioria de seu povo – a população rural africana – de sua existência pré-colonial como pastores-cultivadores para seu status contemporâneo: o de habitantes rurais de subsistência manifestamente incapazes de se sustentarem pela agricultura e dependentes para sobreviver de salários ganhos em regiões industriais 'brancas' e de 'braços brancos'". O estudo de Bundy demonstra o surgimento de um campesinato africano por volta da década de 1890 no Transkei, mas depois seu declínio em quatro décadas. Ele escreve "Este processo foi um componente necessário do processo de desenvolvi-

Por que mão de obra estrangeira?

Na seção anterior, tentamos explicar como, no início do desenvolvimento do capitalismo na África do Sul, baseado na indústria de mineração de ouro, a mão de obra extraída de formações pré-capitalistas foi crucial para a taxa de mais-valia. Essas sociedades pré-capitalistas não eram de forma alguma apenas aquelas dentro dos limites geográficos do Estado sul-africano, como o Transkei e outras áreas de reserva. Ao contrário, a mão de obra extraída de fora dessas fronteiras tem sido um fator continuamente significativo no processo de acumulação capitalista na África do Sul.

O padrão da oferta de mão de obra mineira ao longo de 75 anos, de 1902 a 1977, demonstra duas tendências distintas, mas relacionadas:

1. as proporções diferenciais, em diferentes períodos, da mão de obra sul-africana e estrangeira e as fontes de mudança da oferta de mão de obra estrangeira;
2. o caráter notavelmente estável e consistente do fluxo de mão de obra moçambicana.

Historicamente, ao longo de meio século, houve alguns aumentos e quedas na oferta de mão de obra moçambicana e estrangeira. Estes devem ser interpretados de acordo com dois eventos diferentes, mas relacionados. O primeiro consiste nas mudanças na economia sul-africana. No geral, os fluxos e refluxos mais significativos da mão de obra mineira moçambicana relacionam-se com as mudanças na economia dominante da África do Sul. Ao mesmo tempo, embora em menor escala, o padrão de absteci-

---

mento capitalista na África do Sul", mas este processo levou, no caso do Transkei, a uma rápida diminuição da capacidade produtiva dos camponeses. (Colin Bundy, "The emergence and decline of a South African peasantry"). African Affairs 71, n. 285 (1972), p. 369-388.

mento também está relacionado com algumas alterações internas em Moçambique.

As proposições dos trabalhadores sul-africanos e estrangeiros

Sobre a primeira questão, relacionada ao caráter mutável da indústria de mineração sul-africana dentro da economia sul-africana, devemos nosso entendimento a um novo e penetrante estudo que demonstra como a mão de obra estrangeira tem sido consistentemente usada para constituir o estrato mais mal pago do exército industrial de reserva da economia sul-africana.[7] As quedas nos níveis de mão de obra moçambicana durante a depressão econômica da década de 1930 e, novamente, durante a atual recessão dessa economia mostram como a mão de obra moçambicana, tal como a mão de obra estrangeira, foi reduzida em tempos de recessão. Os aumentos das componentes da mão de obra estrangeira e da mão de obra moçambicana, sobretudo na década de 1950, mostram que em tempos de expansão, esta mão de obra é reconduzida à sua posição de importância. Esta é uma ilustração significativa do que foi dito anteriormente sobre as características da economia moçambicana de serviços: ela está sujeita às vacilações e crises da economia dominante da qual se tornou dependente no período colonial.

Em contraste, de 1936 a 1951, houve uma queda em termos absolutos e relativos no número de trabalhadores sul-africanos nas minas. Esse período coincide não apenas com uma expansão da mineração de ouro estimulada pelo aumento dos preços

---

[7] De Clercq, F., Hemson, D.; Innes, D.; e Legassick, M. "Capital Restructuring and the South African State: The case of foreign labour." In: CSE Conference Paper, 1977.

do ouro (as minas do Estado Livre foram abertas neste período), mas também por uma expansão da manufatura. Nessa época, houve uma expansão enérgica do recrutamento de mão de obra estrangeira. Em 1932, a mão de obra estrangeira constituía 43% da força de trabalho; em 1936, era de 48%; em 1939, era de 52%; e em 1951, era de 65%.

De 1951 a 1970, houve um aumento do total da força de trabalho africana nas minas, e o recrutamento de mão de obra estrangeira foi intensificado e expandido. O recrutamento de mão de obra estendeu-se a partes da África central ainda não exploradas para mão de obra.

Nesse período, a mão de obra estrangeira teve preferência sobre a mão de obra sul-africana. Ao mesmo tempo, houve uma racionalização do processo de trabalho nas minas. Certas inovações de treinamento para a mão de obra africana foram introduzidas e um certo número de trabalhadores negros semiqualificados foi estabelecido, especialmente nas novas minas nas áreas de Orange Free State e Klerksdorp, que eram mais intensivas em capital. De 1964 a 1972, o componente de mão de obra estrangeira continuou a crescer, passando de 64% para 80% da força de trabalho total.

Foi a partir de 1974 que a mão de obra estrangeira começou a ser fortemente reduzida. Isto é tratado nos capítulos seguintes,[8] que discutem as mudanças na indústria mineira e os seus efeitos sobre a mão de obra moçambicana no período pós-1974.

A organização do fluxo de trabalho moçambicano

O período inicial da indústria de mineração de ouro, de 1888 a 1913, foi o período durante o qual a Câmara de Minas e seu órgão

---

[8] A autora se refere aos demais capítulos da pesquisa, disponíveis em inglês no local indicado como fonte, na primeira nota deste artigo. (N.E.)

de recrutamento de mão de obra, Wenela, criaram uma oferta subcontinental de mão de obra barata. O que chama a atenção é a força e a eficácia da Wenela como organização de recrutamento de mão de obra. Viu-se que ela tinha a capacidade de recorrer à mão de obra quando necessário e de interromper esse suprimento com a mesma prontidão. As instruções de recrutamento para sua rede de estações Wenela foram executadas com eficiência e rapidez. Além de uma organização de recrutamento de mão de obra com tanto poder, as administrações governamentais eram bastante frágeis. Levou talvez uma década para que o sistema de recrutamento de mão de obra fosse bem centralizado, mas quando isso foi feito, a organização cumpriu suas metas e forneceu os homens necessários para as minas com confiabilidade infalível.

Inicialmente, quando o recrutamento de Moçambique ainda não estava centralizado, talvez a maior parte do êxodo de mão de obra por meio da fronteira para o Transvaal tenha sido clandestino. Este movimento da força de trabalho tinha sido fortemente intensificado pelas medidas invocadas pelo governo colonial na sequência da rebelião de 1895 e a destruição do estado de Gaza, e também pela epidemia de peste bovina de 1896-1898, que dizimou rebanhos de gado nas províncias do sul. Recrutadores particulares e vendedores ambulantes controlaram e organizaram o êxodo. Ainda não foi escrito nenhum relato detalhado sobre os primeiros métodos de recrutamento, embora pesquisas recentes no sul de Moçambique descrevam como o recrutamento era conduzido por "corredores".[9] Estes trabalhavam para recrutadores brancos ou asiáticos e eram contratados para ir de um assentamento a outro, procurando recrutas em potencial para as minas.

---

[9] Young, Sherily J., "Changes in Diet and Production in Southern Mozambique 1855-1960", British ASA Conference Paper, Durham, 1976.

Os corredores ou policiais recrutadores eram identificados por seus bonés vermelhos e alguns usavam um uniforme semelhante ao da polícia da administração local. Eles carregavam chicotes de couro de hipopótamo e recebiam um pagamento *per capita* sobre seus resultados. Eles carregavam salvo-condutos emitidos pela administração, embora, em 1912, esse sistema tenha sido encerrado devido às reclamações de administradores portugueses de que os métodos coercitivos desses recrutadores de mão de obra estavam abusando de sua autoridade. Nessa época, os Negócios Indígenas[10] já funcionavam há alguns anos tentando atender às necessidades internas de trabalho dos colonos que não podiam pagar salários competitivos em comparação com os oferecidos pelas minas de Rand, para quem o estado colonial recrutava trabalho forçado por meio da administração local e dos chefes.

Mas em 1912, quando certas limitações foram impostas às atividades de corredores e recrutadores, o padrão de migração de mão de obra já estava bem estabelecido. Esta havia sido inicialmente induzida pela força, após a conquista do sul de Moçambique e as depredações da administração colonial portuguesa. Em um período bastante curto, o movimento da mão de obra tornou-se autorreprodutor. Os produtores rurais não tinham mais nenhuma medida de escolha real. Eles eram submetidos a ataques e levados ao trabalho forçado ou eram contratados além das fronteiras para o trabalho.

A ausência de emprego para os africanos no sul de Moçambique e a consequente "atração" do trabalho mineiro é graficamente descrita em um "Relatório sobre as condições de trabalho dos nativos" preparado para a Câmara de Minas do Transvaal por um

---

[10] Negócios Indígenas refere-se aos direitos e estilo de vida dos africanos nativos de Moçambique. No início do século XX, Portugal tentava estabelecer limites legais à população nativa como parte da política colonial, para que os nativos não tivessem os mesmos direitos que os portugueses. (N. E.)

dos seus agentes em 1922. Em essência, argumenta o relatório, "nenhuma melhoria nas condições gerais pode ser esperada sob o sistema atual".[11] O relatório forneceu alguns exemplos de condições de trabalho, a maioria deles provenientes das áreas do norte sob a administração das Companhias Majestáticas. Mas durante 1921 e parte de 1922 no Sul, cerca de 2 mil nativos foram empregados por meses na estrada entre Xai-Xai e Xinavaan. Todos esses trabalhadores não eram pagos e praticamente não eram alimentados.

Em alguns casos, os nativos ainda tinham que providenciar suas próprias enxadas, que custavam cerca de cinco xelins e se desgastavam a serviço do governo. Em toda a província, as estradas tiveram que ser reparadas pelos nativos locais sem qualquer pagamento. E, de fato, outros serviços do governo também foram feitos por mão de obra forçada e não pagos na maioria dos postos!

Antes da Guerra dos Bôeres, cerca de 80 mil trabalhadores, ou três quartos da força de trabalho total nas minas, eram de Moçambique e, naquela época, os trabalhadores moçambicanos passavam em média três anos na clandestinidade, o que estabelece que a indústria foi, de fato, praticamente fundada pela mão de obra moçambicana.[12]

Após este período inicial, a característica mais marcante do fluxo continuado da mão de obra moçambicana tem sido a estabilidade da oferta e a consistência dos números, sobretudo a partir do final da década de 1920 (após a assinatura da Convenção de Moçambique). Uma vasta pesquisa ainda precisa ser

---

[11] "Report on Native Labour Conditions in the Province of Mozambique", 1922, South African Labour Bulletin, julho de 1975.

[12] Transvaal Labour Commission, 1904, p. 4, 20, 28, 246. Segundo o artigo de F. Wilson, "Labour in South African Gold Mines 1911-19621", de 1896 a 1898, a mão de obra moçambicana constituiu 60,2% da força de trabalho, e em 1906, 65,4% (p. 70).

feita sobre a regulação dessa oferta de trabalho, especialmente no período entre as duas guerras mundiais quando, com exceção de quedas repentinas nos anos de depressão e um aumento acentuado para 107 mil em 1927 e 96 mil em 1929, a força permanente de mão de obra moçambicana era mais ou menos constante em torno de 80 mil.

Após a greve das minas africanas de 1946, que foi o período mais intenso de luta de classes na indústria, a mão de obra estrangeira representava 59% da força de trabalho africana total, e as minas adotaram uma política de tentar evitar mais agitação trabalhista recrutando classes menos proletarizadas, ou seja, mais mão de obra estrangeira.[13] Este é o período em que a oferta de mão de obra estrangeira foi diversificada. No mesmo período, a oferta de mão de obra em Moçambique aumentou.

Mudanças na mineração na década de 1970

Existe uma documentação bastante completa sobre as mudanças na indústria de mineração no período recente e os vários fatores que contribuíram para essas mudanças. Estes são resumidos abaixo:

1. até a década de 1970, a mineração de ouro era considerada um ativo em declínio. Isso foi transformado pelo acordo internacional para reavaliar o ouro a preços de mercado. Como resultado, os lucros da mineração aumentaram muito e houve também um aumento considerável no valor dos fundos disponíveis para acumulação e reinvestimento;
2. houve um declínio contínuo no contingente sul-africano de mineiros africanos. A dependência da mão de obra estrangeira havia aumentado. Mas isso ocorreu em um momento

---

[13] Legassick and Innes, artigo do Warwick Research Project.

de mudanças espetaculares na política da África Austral, e mudanças que colocaram em questão a sobrevivência e continuidade dos regimes exploradores da minoria branca e, mais imediatamente ainda, o grau de confiança que as minas poderiam depositar em seus contingentes regulares de mão de obra estrangeira;

3. em 1973, houve uma onda de greves africanas, inclusive nas minas, assim como outras formas de resistência operária. Entre 1973-1975, 33 casos de resistência operária nas minas envolviam mineiros moçambicanos. Como avaliou Clarke:

> Esses conflitos afetaram os interesses dos produtores de duas maneiras importantes: primeiro, os níveis de produção caíram e os custos aumentaram à medida que os confrontos se espalharam; e, em segundo lugar, ocorreu um 'expurgo' da oferta de mão de obra à medida que o repatriamento aumentava, os grevistas eram demitidos e a ação disciplinar e a 'realocação' se faziam necessárias [...]. A indústria estava totalmente despreparada para esses conflitos repentinos e de grande escala, que se tornaram ainda mais graves devido ao alto preço do ouro. Entre uma série de outros fatores, as conflagrações estavam fortemente relacionadas aos baixos salários e ao alto grau de controle social necessário sob condições complexas. A 'reforma salarial' de 1972-1975, embora iniciada antes da escalada da violência, provavelmente teria sido, de qualquer modo, necessária para, em alguma medida, restabelecer a situação;[14]

4. assim, o aumento do preço do ouro e a agitação dos trabalhadores tornaram possível e necessário pagar salários mais altos aos mineiros africanos. Sem salários mais altos, não havia possibilidade de atrair os trabalhadores sul-africanos

---

[14] Clarke, D. G., "Contract Labour from Rhodesia to the South African Mines: A Study in the International Division of a Labour Reserve", Saldru Working Paper n. 6, Cape Town, 1976, p. 11-12.

da indústria secundária para a mineração – até que a recessão econômica acelerou a propulsão;
5. a produção de uma nova força de trabalho, agora modificada, também estava intimamente ligada e era resultado direto do aumento da mecanização nas minas. Embora a tecnologia de mineração profunda da África do Sul seja provavelmente a mais avançada do mundo, esta é uma indústria fortemente intensiva em mão de obra, necessitando de suprimentos constantes de mão de obra africana barata. Enquanto o preço do ouro era fixo, havia uma tendência a depender de mão de obra barata e a mover-se lentamente no sentido de aumentar o investimento de capital. Isso não era verdade, no entanto, para todas as minas. Enquanto as minas de baixo teor e de baixa produtividade dependiam de mão de obra barata, as minas mais novas, de maior produtividade e mais mecanizadas, principalmente aquelas controladas pela Anglo-American Corporation, instituíam níveis mais altos de tecnologia. Assim, já em 1962, os anglo-americanos romperam com as políticas trabalhistas da Câmara de Minas e exigiam salários mais altos para intensificar o recrutamento de mão de obra sul-africana para que pudessem ter uma força de trabalho mais estável, entre a qual pudesse instituir um regime salarial distinto em suas minas de maior produtividade.

Com a alta do preço do ouro, os planos de mecanização foram acelerados. Os parágrafos a seguir descrevem alguns dos avanços da mecanização, pois estes têm efeitos importantes sobre a quantidade e a qualidade da força de trabalho, bem como sobre as mudanças subsequentes na contratação de mão de obra e na política salarial instituída pela indústria.

Mecanização

Certa mecanização já havia mostrado efeitos nas minas em 1975. Por exemplo, a Goldfields Consolidated of South Africa Ltd. reportou um aumento de 11,5% na produtividade dos trabalhadores no subsolo em 1974.[15] Em 1975, uma mina pertencente à Joint Consolidated Limited aumentou a produção apesar de uma redução de 20% na mão de obra. Isso foi feito com a introdução de raspadeiras para carregar o minério (em vez da cintagem manual), vagões monotrilhos, que exigiam apenas um trabalhador em vez dos dois necessários anteriormente, e transportadores monocabos, usados para transportar o minério para fora da mina. Eram meios para reduzir a mão de obra não qualificada perto da face da mineração, ou *stope*. Isso foi combinado com sistemas de gerenciamento e manutenção mais eficientes e trazendo os mineradores brancos para o planejamento de gerenciamento para que pudessem ver a importância de trabalhar em equipe e o papel de seus líderes de equipe. Foram organizados cursos de formação de ajudantes africanos para apoiar os mestres-artesãos brancos, e alguns mineiros africanos foram habilitados para, entre outros, exercer as funções de caldeireiro, instalador, eletricista e soldador.[16]

O Presidente da Câmara de Minas, o sr. A.W.S. Schumann, declarou em 1975 que o valor total do capital investido em equipamentos utilizados no subsolo pelas minas de ouro era inferior a

---

[15] Formada em 1887 pelos capitalistas britânicos Cecil John Rhodes e Charles Rudd, a Goldfields Consolidated foi uma das primeiras grandes corporações a dominar a indústria de mineração sul-africana, lucrando com a mão de obra e as minas africanas antes de se tornar uma importante instituição financeira internacional de mineração. South African Mining and Engineering Journal, November 1974, p. II.

[16] South African Mining and Engineering Journal, July 1975, e Mining Survey, April 1975.

R250 milhões. Sua expectativa era de que equipamentos no valor de mais de R1 bilhão fossem adquiridos durante e como resultado do programa de pesquisa de R150 milhões ao longo de dez anos.[17]

Muitas das pesquisas e testes ocorrem perto ou na face da chuva (a face do *stope*). "Cerca de 40% da força de trabalho negra está empregada lá, e a mecanização é de grande importância para reduzir a força de trabalho negra e melhorar a produtividade".[18]

São essas mudanças na tecnologia e a implantação da força de trabalho na indústria, ao lado do aumento da militância dos trabalhadores, assim como, de forma bastante crucial, a recessão econômica sul-africana que levaram ao desemprego africano generalizado naquela economia, o que, por sua vez, levou a mudanças nas políticas salariais nas minas. Houve mudanças nos sistemas de classificação de cargos e de diferenciação salarial. Isso levou a que mais trabalhadores africanos fossem categorizados como semiqualificados.

No período que começou na década de 1950 e novamente em 1969, os salários africanos aumentaram.[19] Este foi um período de escassez crônica de mão de obra, mas também do início da racionalização do processo de trabalho e da introdução de esquemas de formação para alguns trabalhadores africanos, especialmente nas minas de capital intensivo. Mas os aumentos salariais nesse período foram consideravelmente superados pelos aumentos no período pós-1973. Em junho de 1976, a indústria pagava uma taxa salarial mínima para trabalho subterrâneo de R2,50 por turno.

As mudanças nas taxas salariais impactaram imediatamente a fonte de oferta de mão de obra. O número de trabalhadores

---

[17] South African Mining and Engineering Journal, July 1975, p. 31.
[18] Ibid, "Quote of Joint Consolidates head of Industrial Engineering Department", p. 16.
[19] South African Mining and Engineering Journal, 1976, p. 17.

sul-africanos nas minas aumentou rapidamente. Isto foi acompanhado por uma queda absoluta no número de trabalhadores estrangeiros contratados, uma tendência que ainda se mantém.

É claro que há limites para a mecanização da indústria. Os novos métodos irão diminuir drasticamente, mas não irão acabar com a dependência das minas de uma grande oferta de mão de obra africana. Mas as minas mais novas, mais ricas e de capital intensivo seguirão um padrão distintivamente diferente das antigas minas de minério de baixo teor. Dentro da força de trabalho, haverá a introdução de diferenciais crescentes de salários e qualificações.

Dois destes fatores irão afetar a mão de obra moçambicana no período imediato:
1. a redução, em geral, da utilização de mão de obra estrangeira;
2. diferenciações dentro da força de trabalho africana e a confiança em trabalhadores mais experientes e qualificados.

Estes fatores refletem-se nas condições da mão de obra moçambicana após 1974.

Este livro foi composto com tipografia Minion Pro e impresso em papel Pólen Natural 70g e Ningbo 250g na gráfica Paym, para a Editora Expressão Popular em agosto de 2023, como terceiro livro do Clube da Expressão rememorando os 41 anos do brutal assassinato de Ruth First pelas forças repressivas do *apartheid*.